ThéoTEX
Site internet : theotex.org
Courriel : theotex@gmail.com

© Adolphe Monod, 2025
Édition : BoD · Books on Demand, 31 avenue Saint-Rémy,
57600 Forbach, bod@bod.fr
Impression : Libri Plureos GmbH, Friedensallee 273,
22763 Hamburg (Allemagne)
ISBN : 978-2-3225-7444-5
Dépôt légal : Mars 2025

Les Adieux
d'Adolphe Monod

à ses amis et à l'Église (1857)

Suivis de deux de ses prédications

La Parole Vivante (1847)
La Vocation de l'Église (1849)

ThéoTeX
— 2024 —

Avant-propos

Le petit livre des Adieux est l'un des plus authentiques trésors de l'Église chrétienne. Les sermons du célèbre orateur ont vieilli, à bien des égards; mais les brèves allocutions réunies dans ce recueil, testament spirituel d'un mourant, prononcées dimanche après dimanche sur un lit d'agonie, coupées de gémissements, scellées par la sainte Cène, continueront à nourrir les âmes d'âge en âge.

Les esprits attachés à l'orthodoxie doctrinale y retrouveront toujours, avec émotion, les formules traditionnelles de la croyance chrétienne; les âmes qui emploient un autre vocabulaire pour exprimer l'Évangile éternel, sauront toujours y découvrir les accents graves et jubilants de la foi qui sauve.

Non seulement ces pages feront leur chemin, comme par le passé, en dehors des Églises protestantes, et se répandront à travers la chrétienté, mais elles seront sans doute accueillies avec intérêt, avec respect, dans des cercles non confessionnels. Aujourd'hui, beaucoup plus qu'au milieu du XIXe siècle, la science psychologique poursuit une vaste enquête; nombreux sont les chercheurs qui, dans le domaine religieux, apprécient les documents de première main, les « témoignages » qui sont des « faits », et dont toute philosophie doit tenir compte pour élaborer un système conforme à la réalité.

Qu'est-ce, en définitive, qu'un chrétien? Quelle est l'expérience fondamentale, à la fois révélatrice et libératrice, qui l'unit, dans le monde entier, à tous ceux qui se réclament du même titre? Les chrétiens se reconnaissent entre eux, spontanément : est-ce avant tout par tel ou tel credo, par telle pratique rituelle, par telle notion de l'Église ? L'Évangile a répondu d'avance : « Je suis le Cep, vous êtes les sarments. » Quand l'Esprit du Chef se manifeste dans les siens, ils perpétuent sa présence ici-bas ; malgré les diversités passagères des christianismes historiques, ils constituent, sur le plan spirituel, une chrétienté.

Un professeur hindou demandait à l'un de ses compatriotes, gagné à l'Évangile : « Mais enfin, que vous a-t-il apporté qu'on ne puisse trouver dans les religions de l'Inde ? » Réponse : « Jésus-Christ. »

La personne morale du Messie, l'étoffe même de son caractère, la substance de son âme, la qualité spirituelle de son rayonnement, la nature intime de la radio-activité qui émane inépuisablement de lui, l'Esprit rendu sensible, enfin, « la Parole faite chair », — voilà ce que l'Évangile donna au monde.

Une fois découverte l'aiguille aimantée, qui frémit sous le mystère du magnétisme et pointe vers l'Étoile polaire, les marins osèrent s'élancer dans la brume des océans, au large. Depuis deux mille ans bientôt, l'humanité possède également une boussole, dans le domaine moral ; la conscience immaculée du Révélateur oriente les âmes « travaillées et chargées », dolentes et pécheresses, vers le cœur même de l'univers, et nous décèle une Pitié sainte, une Compassion divine, un Amour ineffable, un Dieu capable de souffrir, que Jésus nommait, « le Père ».

C'est trop peu dire encore. Le Christ ne nous renvoie pas vers son Dieu. Il appelle : « Venez à moi ! » Nous saisissons en lui l'Esprit-Saint.

Voilà ce qu'affirment *Les Adieux*, par les lèvres d'un moribond, torturé dans sa chair ; cela suffit pour assurer la valeur universelle du petit livre.

Lorsqu'il fut nommé pasteur à Paris, en 1847, Adolphe Monod, dans son discours d'installation, entonna un véritable hymne à la « Présence » de la Parole vivante qui est l'âme de la Parole écrite, un cantique au Glorifié qui reste à jamais l'animateur de l'Église, corps mystique dont il est la Tête. Il s'écria : « Je voudrais moins traiter du christianisme, de sa doctrine, de sa morale, de son histoire, de son inspiration divine, que vous donner Jésus-Christ lui-même. Je voudrais plus encore. Non content de réserver à la personne de Jésus-Christ la première place, je voudrais faire d'elle le centre et le cœur de mon ministère, la contemplant dans tout autre objet et contemplant tout autre objet en elle. Oui, je voudrais, ô mon Dieu Sauveur, et quel ministre fidèle ne le voudrait avec moi ? ne chercher qu'en toi seul le principe, le milieu et la fin de tout mon ministère. C'est toi, ta vie, ta personne, ton esprit, ta chair et ton sang, dont j'ai faim, dont j'ai soif, pour moi-même et pour ceux qui m'écoutent ! C'est toi que je veux porter dans cette chaire ! Toi que je veux annoncer à ce peuple ! Toi que je veux apprendre à mes catéchumènes ! Toi que je veux distribuer dans les sacrements ! Toi tout entier, rien que toi, toi toujours et encore toi ! ».

De tels accents révélaient au dehors le secret du sanctuaire intime.

Le ministère parisien d'Adolphe Monod prit fin prématurément. Quand il comprit que le ressort de son activité extérieure était brisé, il écrivit cette prière : « Mon Dieu ! tu veux éprouver ce qui est dans mon cœur. Tu veux voir si ce vieux serviteur, qui a prêché, avec puissance et conviction, qu'il n'est rien dont la foi ne puisse triompher, est en état de le prouver lui-même, et s'il accepte le fardeau qu'il a posé sur les épaules des autres. Ce fardeau, je l'accepte… Tu es amour. Tu es fidèle. Cette vie crucifiée que j'ai désirée si souvent dans les temps de ma santé, tu me l'as faite maintenant et je l'accepte, pour montrer que le chrétien peut trouver la paix dans cette vie crucifiée. »

L'expression tragique : « vie crucifiée », était autre chose que de la pieuse littérature. Ceux qui soignaient le malade entendirent ses cris d'angoisse : « O mon Dieu ! toi qui vois mes douleurs, Homme de douleur, aie pitié de moi ! Par ton sang répandu, aie pitié de moi ! Par les humiliations de ta passion, aie pitié de moi ! Par les angoisses de ton agonie, aie pitié de moi ! Par la victoire de ta résurrection, aie pitié de moi ! Par la gloire de ton ascension, aie pitié de moi ! Par la compassion de ton amour, aie pitié de moi ! Par la fraternité de tes souffrances, aie pitié de moi ! Partout et en tout, aie pitié de moi ! — O mon Dieu, c'est ta main ! Qu'elle est redoutable, cette main divine ! Qu'elle est irrésistible ! Qu'elle est secourable, cette main paternelle ! O mon Sauveur, guéris-moi ! Jésus, qui guérissais tout le monde, guéris-moi ! Si j'ai assez souffert, et si j'ai tâché de souffrir pour ta gloire, guéris-moi ! O mon Dieu, je ne murmure pas, il n'y a pas une fibre, pas un sentiment en moi qui murmure ; guéris- moi pour ta gloire, pour ton service, ou retire-moi dans ton sein. Mon Dieu, je t'attends. Que je suis heureux de te connaître ! de pouvoir t'appeler le Dieu d'amour ! Mon âme s'élève à toi. »

Telles sont les circonstances dans lesquelles s'organisèrent, autour de l'agonisant, les « Réunions du dimanche ». Ses brèves allocutions, préparées dans l'angoisse et la prière, sont tellement pétries de la substance des Saintes Écritures, qu'elles forment l'un des rares ouvrages de dévotion, ici-bas, dont la lecture soit tolérable, sans transition, après celle de la Bible.

Si l'on essayait de grouper systématiquement les quelques méditations contenues dans Les *Adieux*, on pourrait les classer ainsi :

I. Les Bases.

    La Sainte Bible, ch. 1, 5, 15, 20.
    La Sainte Cène, ch. 3.
    La Foi, ch. 8.
    La Prière, ch. 17.

II. La Doctrine chrétienne.

    A. Dieu.

        Le Père ou la Révélation, ch. 7, 11, 25.

Le Fils ou la Rédemption, ch. 19, 22.

Le Saint-Esprit ou la Sanctification, ch. 21.

La Trinité, ch. 23.

B. L'Homme.

Le péché, ch. 10.

III. La Morale chrétienne.

Epreuve, ch. 4, 6, 9, 13.

Sainteté, ch. 14, 16, 18.

Joie, ch. 2.

IV. Au delà.

Les choses invisibles, ch. 12.

La résurrection, ch. 24.

Méditons ces pages, en nous appliquant l'avertissement formulé dans le chapitre sur la Foi : « Il faut recueillir de la foi pour l'avenir ; il faut travailler aujourd'hui pour avoir la foi dont vous aurez besoin dans cinq, dix, vingt ans. Il faut amasser jour après jour cette provision spirituelle, afin que tout entourés des dons de Dieu les plus abondants, vous n'ayez plus qu'à ouvrir les yeux et à étendre les mains lorsque viendra le temps où la force même de prier sera affaiblie, où votre corps languissant et votre esprit abattu se prêteront moins à cette lutte terrible dont la foi est le prix et la récompense. Ah ! n'attendez pas ces moments suprêmes pour acquérir la foi : on la trouve toujours ; mais appliquons-nous à les prévenir en amassant toujours et toujours, et en croissant tous les jours dans la foi. »

Ainsi soit-il.

Wilfred Monod. (1929)

Préface

M. Adolphe Monod a été enlevé à l'Église le 6 avril 1856, après une maladie de deux années. Six mois de repos et d'inaction forcée, puis six mois d'un ministère continué malgré les progrès de la maladie ; enfin près d'une année de souffrances, et de souffrances croissant toujours (il l'a dit lui-même) en intensité et en continuité : ainsi se répartit cette dernière période de sa vie. Les discours qu'on va lire ont été prononcés dans l'automne et l'hiver 1855-1856, depuis le temps où il apprit que son mal était sans remède, jusqu'au jour où Dieu avait marqué le terme de sa prédication en même temps que de ses souffrances.

C'est vers la fin de septembre (1855) que M. Monod et sa famille connurent toute la gravité de sa maladie. Sans perdre encore ni l'espoir ni le désir de se relever, et de voir le Seigneur accomplir en lui ce que l'art humain n'espérait plus, dès ce moment il se prépara paisiblement à déloger, si telle était la volonté de Dieu, et sentit le besoin de se tenir encore plus près de lui. Aussi, quand un ami, son collègue dans le ministère, lui parla de la communion « comme d'un moyen de grâce trop négligé et très puissant, et lui conseilla de s'en servir abondamment, » il se rendit volontiers à ce conseil. Il résolut de prendre chaque dimanche la communion, et d'admettre tour à tour à la partager les amis qui en exprimeraient le désir. Mais il voulut faire plus encore. Deux fois en quelques jours il avait pu adresser à sa famille des exhortations d'une assez grande étendue ; encouragé par ce premier essai, il pensa que la communion hebdomadaire lui fournirait l'occasion d'exhorter, chaque semaine, un petit auditoire d'amis. Telle fut l'origine de ces *réunions du dimanche;* la première eut lieu le 14 octobre 1855, et elles se succédèrent sans interruption jusqu'au 30 mars 1856.

Avec l'occasion de prêcher encore l'Évangile, M. Monod trouva celle de montrer l'esprit de largeur chrétienne dont il était animé; cet esprit qui faisait de lui, non pas seulement l'homme de *son* Église, mais l'homme de l'Église fidèle tout entière. Tous ceux qui partageaient sa foi, quelle que fût d'ailleurs leur dénomination particulière, étaient pour lui des frères; et tour à tour des pasteurs des Églises Réformée, Luthérienne, Indépendante, Wesleyenne, présidèrent à cette fête de l'amour fraternel, au chevet du frère malade et mourant. Ainsi, à la douceur de travailler pour l'Évangile, il joignait la douceur de travailler pour « cette Église de l'avenir, que tous pressentent, »comme il l'a dit lui-même, et au-devant de laquelle il voulait marcher.

[Il ne sera peut-être pas sans intérêt pour les lecteurs de retrouver ici les noms des pasteurs qui ont successivement présidé ce service. Ce sont MM. Frédéric Monod, Guillaume Monod, Meyer, GrandPierre, Gauthey, Vaurigaud (de Nantes), Vallette, Armand-Delille, Vermeil, Fisch, Jean Monod, Edmond de Pressensé, Petit, Paumier, Zipperlen, Hocart, Louis Vernes, Boissonnas et Vulliet.]

Le service se célébrait dans la chambre du malade. Une table placée auprès de son lit portait le pain et la coupe; devant cette table prenait place le pasteur officiant. La famille de M. Monod, avec un petit nombre d'amis, en tout de trente à quarante personnes, occupaient autour de lui des places, toujours en trop petit nombre, quelque réserve que l'on dût s'imposer dans les admissions, en s'attachant surtout à faire varier le petit auditoire, et à recevoir ainsi successivement tous ceux qui avaient demandé à venir [a]. Une invo-

---

a. Au mois de mars, les forces diminuées de M. Monod ne lui permirent plus de cation, un chant, une prière, la lecture d'un chapitre de la Bible, puis la distribution des éléments, tel était l'ordre du service. Quand la cène était distribuée, M. Monod prenait la parole ; et ce qu'il y avait alors dans son accent de paisible sérénité, d'amour profond et chrétien pour ceux qu'il exhortait, souvent d'énergie et de pénétrante éloquence, ceux qui l'entendirent en d'autres temps peuvent s'en faire quelque idée ; ceux-là seuls le peuvent dire, ou sentir, qui l'ont entendu dans ces derniers jours.

Le service, on l'a vu plus haut, était né des circonstances, sans être ni cherché ni prévu. Les paroles du pasteur malade n'avaient pas plus d'apprêt. Souvent ce n'était plus le prédicateur, c'était un frère souffrant et près de déloger qui donnait à ses frères des conseils tirés de sa propre expérience, avec une simplicité, une familiarité que le lecteur retrouvera tout entières. Mais souvent aussi revenait la voix sonore, le tour vif et imprévu, l'accent rapide et entraînant d'autrefois. Privé d'une prédication qui était sa vie, il aimait cette prédication nouvelle, si réduite qu'elle fût, et par l'état du malade et par les difficultés des circonstances. Il parlait selon ses forces, toujours trop petites pour lui permettre une longue fatigue. Il ne pouvait, on le pense bien, supporter un long travail de préparation ; aussi, les premiers temps, il se contentait de méditer quelques moments sur les idées qu'il se proposait de développer. Ces idées lui étaient fournies par quelque expérience, quelque réflexion nouvelle que la semaine avait apportée ; ou bien il s'entretenait avec un de ceux qui l'entouraient sur le sujet qu'il pourrait choisir ; souvent aussi la souffrance se chargeait de le lui fournir, et il se plaisait alors à montrer comment le chrétien doit en user pour glorifier Dieu.

Plus tard, voyant que sa vie se prolongeait, et que Dieu l'appelait à souffrir et à parler du sein de sa souffrance plus longtemps qu'il

---

recevoir ses auditeurs dans sa chambre pour une heure entière ; et dans les quatre dernières réunions, ils durent se tenir debout auprès de son lit pour entendre son exhortation ; puis on passait dans une pièce voisine, où se célébrait la communion ; elle était portée au malade par le pasteur officiant.

n'avait pensé, il voulut réunir les allocutions qui suivraient sous une forme commune ; de là deux séries de discours : dans l'une il donna, sous le nom de *Regrets d'un mourant,* des conseils tirés de son expérience ; dans l'autre il fit connaître les principaux *Résultats*[a] où cette expérience avait conduit sa foi. Il voulut alors se préparer avec plus de soin, dictant le samedi, ou dans la nuit du samedi au dimanche, des notes assez étendues, quelquefois presque autant que le discours lui-même, et se faisant relire ces notes peu de temps avant de parler. Mais il s'aperçut bientôt que cette méthode gênait sa liberté, par la répugnance qu'il éprouvait à ne pas remplir exactement le cadre tracé d'avance, et qu'elle lui donnait trop de fatigue, en lui faisant souvent dépasser la mesure de ses forces pour suivre jusqu'au bout ses développements. Aussi, après quatre allocutions ainsi préparées, celles du mois de février, il revint pour les suivantes à son ancienne habitude.

On s'étonnera sans doute que souffrant jour et nuit des douleurs presque toujours vives et souvent extrêmes, M. Monod pût soutenir la fatigue d'une réunion tenue auprès de son lit chaque dimanche pendant une heure entière, et celle d'un discours, même de quelques pages, à composer et à prononcer. On a vu de quelle manière il se préparait à parler, dans les moments de liberté que la douleur lui laissait ou qu'il savait lui enlever. Quant à la fatigue qu'il éprouvait à les prononcer, elle était grande assurément ; encore que les organes de la parole eussent conservé une vigueur singulière, et qu'on s'étonnât de retrouver une voix aussi ferme dans ce corps brisé, l'effort d'attention qu'il fallait faire pour recueillir ses pensées et improviser des paroles, souvent au moment même où l'aiguillon de la souffrance se faisait le plus sentir, — cet effort ne pouvait manquer de réagir sur la douleur et de l'irriter encore. Mais Dieu lui dispensait chaque

---

a. Les titres que nous donnons ici sont de M. Monod lui-même. La première série comprend les numéros XIII-XVIII ; la seconde, les numéros XIX-XXIII, auxquels il faut joindre le numéro X, comme il l'a indiqué lui-même.

dimanche, comme chaque jour, la mesure de soulagement, ou la mesure de patience et d'énergie, qui lui était nécessaire. Quelquefois la douleur était suspendue, ou du moins adoucie ; quelquefois il la dominait pour pouvoir parler. Souvent les heures qui suivaient le service étaient des heures plus douloureuses, surtout dans les premiers temps. Il le savait, mais il s'y résignait volontiers. « Je souffre beaucoup, disait-il un dimanche soir ; mais il faut qu'il en soit ainsi dans la nuit du dimanche au lundi ; c'est un sacrifice que j'offre volontiers à Dieu. » Et encore, dans une prière : « S'il me faut chaque semaine gagner par une douleur redoublée le privilège d'annoncer ta parole, que ta volonté soit faite, et non la mienne ! » Le 25 novembre (nous aimons à faire parler M. Monod lui-même, pour mieux apprendre au lecteur avec quels sentiments il considérait sa prédication nouvelle) : « J'ai beaucoup souffert ce matin ; il y avait lieu de craindre que je ne pusse pas parler : eh bien, Dieu a suspendu ma douleur pendant une heure, tout exprès pour me permettre de le glorifier, et il m'a accordé la grâce d'exercer ce petit ministère, qui m'est une si grande consolation. » Et enfin le 2 mars, un mois avant sa mort : « Voici encore un dimanche que Dieu m'a permis d'adresser quelques mots à notre petite assemblée, malgré ma faiblesse croissante et dont mon accent rendait témoignage. Qu'il daigne me soutenir jusqu'à la fin, et m'accorder, s'il est possible, (car je n'ai garde de lui rien prescrire,) la grâce de ne cesser de proclamer son nom que quand je cesserai de vivre. »

Dieu l'a soutenu jusqu'à la fin, Dieu lui a fait la grâce dernière qu'il demandait. Depuis le dimanche 14 octobre, le service eut lieu chaque dimanche, pendant près de six mois. Le 23 mars, jour de Pâques, il put prononcer son dernier discours sur la résurrection de Jésus-Christ, après une longue incertitude, il est vrai, et avec une si grande difficulté, qu'il parut s'évanouir en articulant les derniers mots. Le 30 mars, bien que sa faiblesse eût rapidement augmenté les jours précédents, qu'il fût incapable de prendre presque aucune nourriture, et que la difficulté à parler fût extrême, « sachant à peine s'il pourrait se faire entendre, il recueillit le peu de forces qu'il avait, pour glorifier l'amour éternel et infini de Dieu, » et finit par une prière d'action de grâces toute sa prédication sur la terre. Du 30 mars au 6 avril, le déclin fut encore beaucoup plus rapide ; M. Monod n'avait plus la force de parler même à sa famille ; et l'on se demanda s'il fallait contremander la réunion convoquée pour le 6 avril. Mais ce jour-là, l'heure n'était pas venue que Dieu retirait à lui son serviteur, exauçant ainsi sa prière souvent répétée : « Que ma vie ne s'éteigne qu'avec mon ministère, et que mon ministère ne s'éteigne qu'avec ma vie. »

Il nous reste à présenter au lecteur divers éclaircissements sur les discours contenus dans ce volume.

On se demandera comment ils ont été reproduits ; car on a pu voir que pas un ne fut rédigé d'avance par l'auteur. Dès l'origine, les enfants de M. Monod s'occupèrent de les recueillir. A l'aide de la mémoire, et de notes fort étendues, où souvent presque rien ne manquait, on parvint à les reproduire avec une grande fidélité, fidélité qui allait croissant avec l'habitude. Ce travail se fit d'abord à l'insu même de M. Monod, et toujours sans qu'il y prît lui-même aucune part. Le seul de ces discours revu par lui est le vingtième, ayant pour titre l'*Écriture*. Il se le fit lire deux fois, le corrigea même avec soin, et y fit des changements assez considérables ; ajoutons qu'il s'est étonné, dans cette occasion, de trouver ses paroles aussi exactement reproduites.

Ainsi la rédaction n'était guère qu'un travail de plume : copier les notes prises par diverses personnes, en les complétant les unes par les autres, ou à l'aide de la mémoire, à cela se réduisait tout le travail. Pour les derniers discours, on parvint à une fidélité à peu près parfaite. Les premiers furent reproduits aussi avec une assez grande exactitude ; le premier seul a été écrit de mémoire ; mais ceux qui l'ont entendu n'y verront rien qu'ils ne reconnaissent, et chacun y retrouvera la manière de l'auteur. Pour tout le volume on peut garantir, sinon d'avoir donné toutes les paroles de M. Monod, au moins de n'avoir donné que ses paroles. Et si, dans ces exhortations familières ainsi reproduites, il se rencontrait quelque négligence de langage, s'il manquait ici et là quelque phrase pour lier les idées ou les éclaircir, on a mieux aimé accepter un léger défaut, que de prêter à l'auteur ce qui ne serait pas de lui. Quelques passages ont paru exiger un très léger changement, qui en éclaircit le sens ; mais ces corrections d'un texte qui n'était pas, après tout, tracé de la main de l'auteur, sont en fort petit nombre.

Parmi les titres des allocutions, deux ou trois seulement ont été donnés par l'auteur. — Les textes de l'Écriture imprimés en tête de plusieurs discours, ont été, pour la plupart, et notamment les derniers, désignés par lui, et lus sur sa demande avant qu'il prît la parole. On a donné, à la suite de quelques discours, des prières ou fragments de prières, dont il les avait accompagnés.

Le portrait placé en tête de ce volume est dessiné par un habile artiste, d'après un daguerréotype pris au mois de janvier 1856. Il sera apprécié de ceux qui ont vu et entendu M. Monod dans les *Réunions du dimanche*. Ils le retrouveront tel qu'ils l'ont vu prononçant les *Allocutions*.

Ce volume servira, nous l'espérons, à la gloire de Dieu et à l'avancement de son règne ; selon cette belle parole de l'Épître aux Hébreux : « Tout mort qu'il est, il parle encore. » Que le lecteur, tout en conservant le souvenir de l'homme à qui nous devons ce beau témoignage rendu à la puissance de la foi, regarde à celui de qui procède toute grâce excellente et tout don parfait. « N'oublions pas, disait M. Monod le dimanche 2 mars au soir, d'arroser de nos prières ce que nous plantons ainsi au nom du Seigneur, et demandons-lui de ne pas permettre qu'une curiosité stérile, ni même qu'une affection purement humaine, prenne la place que doit occuper ici, dans celui qui parle et dans ceux qui écoutent, le pur désir de glorifier Dieu. » C'est dans cet esprit que nous offrons ce volume au peuple de Dieu ; qu'il l'accueille aussi dans cet esprit, saintement jaloux de rapporter toute gloire à celui qui donne tout bien. Mais qu'il nous soit permis aussi, en livrant ce volume au public, d'y faire admirer la bonté de ce Dieu fidèle. Voici bientôt un an que l'Église commença de s'alarmer pour la vie de M. Monod, et de redemander à Dieu ce serviteur, qu'il semblait marquer déjà de son sceau pour la vie éternelle. Après huit mois de prières, M. Monod lui était retiré, et huit mois de quelles souffrances ! Mais ce n'est pas en vain qu'il s'était senti, comme il l'a dit lui-même, « porté sur les prières du peuple de Dieu. » En lui retirant et sa santé, et sa prédication, et sa vie, Dieu se réservait d'exaucer autrement ses prières et celles de ses frères pour lui : il voulait le mettre en exemple à tout son peuple. A la prédication de M. Monod il manquait le sceau de cette dernière et cruelle maladie ; ceux qui l'entendirent aux jours de sa force, et qui le virent aux jours de sa faiblesse, diront si le prédicateur, dans toute la vigueur du corps et toute la liberté de l'esprit, a parlé plus efficacement, plus utilement à leur cœur que le chrétien malade et mourant. Et dans cette maladie, où Dieu faisait éclater ainsi en lui la puissance de la foi, il lui permettait encore de parler en son nom chaque dimanche ; il le lui a permis jusqu'au dernier jour, et il a fait sortir de cette longue amertume ce petit livre, humble mais éloquent témoignage rendu à l'Évangile, unique peut-être dans l'histoire de l'Église, où l'on entendra redite, semaine après semaine, par un homme qui attendait la mort, sans oser la souhaiter, et redite avec une fermeté, une patience, une paix, une joie toujours croissantes, cette même doctrine de l'Évangile, telle qu'il l'avait connue, prêchée, vécue pendant les vingt-cinq années de son ministère. Gloire à Dieu !

Dans un sermon prêché le jour de Noël 1854, sur ce texte : « Pour toi, une épée transpercera ton âme, » M. Monod, déjà malade depuis le commencement du printemps, prononçait quelques paroles que nous aimons à placer ici, pour faire voir comment Dieu a su vérifier en lui ce qu'il lui mettait alors sur les lèvres.

Il venait de montrer que la vie *crucifiée* est la véritable vie du chrétien et du ministre de la Parole de Dieu en particulier, et termina cette partie de son discours par ces mots :

« Que si, parmi ces croix qu'il vous donne à porter, il en est quelqu'une qui vous semble, je ne dis pas plus lourde à porter que les autres, mais plus compromettante pour votre ministère, mais capable de ruiner à jamais toutes les espérances de votre mission sainte ; si la tentation extérieure s'unit à la tentation intérieure ; si tout semble frappé, corps, esprit, cœur ; si tout semble enfin perdu sans retour, eh bien, acceptez cette croix-là, dirai-je ? ou cet assemblage de tant de croix, dans un sentiment particulier de soumission, d'espérance et de gratitude, comme une infirmité dans laquelle le Seigneur va vous faire trouver une mission toute nouvelle ; saluez-la comme le point de départ d'un ministère d'amertume et de faiblesse, que Dieu a réservé pour la fin comme le meilleur, et qu'il veut faire plus abonder en fruits de vie que ne fit jamais votre ministère de force et de joie dans les jours passés ! »

I
Tout dans l'Écriture est idéal.

(14 octobre 1855.)

———⋅∞⋅———

Mes chers amis, frères et sœurs bien-aimés, avec qui je suis si heureux et si reconnaissant de pouvoir recevoir la chair et le sang de notre Sauveur, cette chair qui est « réellement une nourriture » et ce sang qui est « réellement un breuvage, » pour qui les reçoit avec foi par le Saint-Esprit, il y a dans l'Écriture un trait qui suffirait à lui seul pour la faire connaître pour la Parole de Dieu : c'est que tout y est idéal. Il n'y a rien dans l'Écriture que d'absolu et de parfait. Elle ne songe jamais à nous appeler à une certaine mesure de sainteté par une certaine mesure de foi, et toute mesure est contraire à l'instinct de la Bible, parce qu'elle est contraire à Dieu. L'idéal de l'Écriture n'est pas comme celui des poètes, qui prennent les choses de la terre pour les élever au troisième ciel ; elle fait l'inverse pour elle les choses visibles ne sont que des types des invisibles, seules réelles ; et c'est au point de vue de Dieu qu'elle considère toutes choses. C'est une remarque qui m'a frappé ce matin, en réfléchissant devant le Seigneur à ce que je pourrais vous dire au sujet de la communion, et de la croix de Jésus-Christ, dans laquelle seule nous trouvons la rémission des péchés.

L'Écriture nous présente partout le *péché* idéal. Il n'y a pas un de nous qui se fasse une idée de l'horreur et du crime du péché devant

Dieu. Nous avons toujours vécu dans une atmosphère tellement saturée de péché, sur cette terre qui boit l'iniquité comme l'eau et la mange comme le pain, que nous ne savons plus discerner ce péché qui nous enveloppe de toutes parts. Voici en deux mots l'expérience que j'ai faite. Nous trouvons dans la Bible ces paroles : « Nous étions autrefois insensés, rebelles, égarés, asservis à diverses convoitises et voluptés, vivant dans la malice et dans l'envie, dignes d'être haïs et nous haïssant les uns les autres. » Pendant longtemps il m'a été impossible d'admettre cette déclaration qui me paraissait empreinte d'une exagération manifeste. J'avoue que même après que Dieu, par sa grâce, eut tourné vers lui mon cœur au jour qu'il avait marqué dès les temps éternels, je suis resté longtemps encore sans pouvoir l'accepter complètement. Il y a plus : j'avoue que depuis lors, aujourd'hui même, je ne puis pas la comprendre dans sa plénitude ; non pas que je ne sois convaincu qu'elle est parfaitement vraie, et que si je ne la réalise pas dans mon expérience, la faute en est toute à moi. C'est là que j'ai compris la nécessité d'un témoignage existant avant, en dehors, et au-dessus de nous. J'accepte cette déclaration comme venant de Dieu, parce que je la trouve dans sa Parole, et je le prie d'achever de m'en révéler le sens par son Esprit. Je suis arrivé, par la grâce de Dieu, — non d'année en année, les choses ne vont pas si vite, mais d'un intervalle de plusieurs années à un autre intervalle de plusieurs années, — à voir cette doctrine plus clairement, et à en sentir de plus en plus la vérité dans mon propre cœur ; et je suis sûr que quand ce voile de chair sera tombé, je reconnaîtrai que c'est la peinture la plus fidèle et le portrait le plus ressemblant qui ait jamais été tracé de mon cœur, j'entends de mon cœur naturel. Demandons à Dieu de nous révéler notre état de péché, sans pourtant le trop presser, parce qu'il sait bien que s'il nous faisait croître plus vite dans cette connaissance que dans celle de sa miséricorde, nous tomberions dans le désespoir.

Mais le *pardon* nous est aussi partout représenté dans l'Écriture comme idéal. Si une partie seulement de nos péchés étaient pardonnés, si sur mille péchés ou un million de péchés (si l'on pouvait compter nos péchés), il en restait un seul qui ne le fût pas, ce pardon ne nous servirait de rien ; mais c'est un pardon complet. Le passage que l'on vous citait tout à l'heure (2Cor.5.21) est un de mes passages favoris. Jésus-Christ n'a pas seulement expié quelques péchés : il a expié *le péché*. Il n'a pas été considéré comme pécheur, il a été fait *le péché* même ; et par le mystère des mystères, toute la malédiction de Dieu a été rassemblée sur cette tête innocente et sainte. Aussi nous ne sommes pas seulement rendus justes en lui, mais *la justice* même ; en sorte que quand Dieu nous contemple en Jésus-Christ, il nous voit comme son Fils bien-aimé lui-même, et trouve en nous tout ce qui peut attirer ses regards et sa complaisance. Nous qui croyons, nous avons été donnés de Dieu à Jésus-Christ pour prix de son sacrifice. Il ne peut pas plus nous manquer de parole qu'à Jésus-Christ lui-même, et toutes ses perfections y sont tellement engagées, que ce don de sa miséricorde infinie devient comme un droit de notre justice parfaite en Jésus-Christ. Les termes mêmes employés par l'Écriture, en nous montrant ce qu'est le péché devant Dieu, nous montrent comment il les a effacés. Il les a « jetés derrière son dos, » comme s'il avait peur de les revoir ; « précipités au fond de la mer, dissipés comme un nuage, anéantis comme une nuée » : nous voyons par là ce que c'est pour Dieu que d'oublier le péché. Le Seigneur nous est représenté comme faisant effort pour oublier ; ou plutôt, ce n'est pas oubli, c'est un effacement complet.

Enfin l'Écriture est idéale dans ce qu'elle nous dit de la *sanctification*. Nous ne nous faisons aucune idée de ce que l'Écriture demande de nous, et du degré de sainteté auquel nous pouvons et devons atteindre. Quelle plénitude dans cette parole : « Le Dieu de paix veuille vous sanctifier lui-même parfaitement, afin que tout ce qui est en vous, l'esprit, l'âme et le corps, soit conservé sans reproche pour la venue de notre Seigneur Jésus-Christ. » Et pour nous prouver que ce n'est pas un simple vœu, l'Apôtre ajoute tout aussitôt : « Celui qui vous a appelés est fidèle, c'est pourquoi il le fera. » Il n'est pas plus possible qu'il nous refuse cette grâce qu'il ne l'est de le concevoir rompant avec sa parole. Et comment pouvons-nous arriver à cette sainteté ? comment ont été grands les saints hommes dont la Bible nous montre l'exemple ? Ce n'est pas par leurs lumières, ni par leurs dons naturels, mais par leur foi. Voyez saint Jacques. Pour nous montrer la puissance de la foi et de la prière, il prend l'homme le plus miraculeux peut-être de la Bible dans le plus miraculeux de ses miracles ; il nous présente la hardiesse de cette prière d'Élie comme une chose toute simple, et le propose en exemple aux plus petits, aux plus humbles, pour nous montrer ce que peut la prière persévérante (littéralement la prière *énergumène*) du juste.

Si nous pouvions, chacun de nous, sentir dès aujourd'hui, dans notre cœur, l'énormité du péché, la plénitude du pardon et la puissance de sainteté à laquelle nous devons atteindre, quel changement dans notre vie, quelle influence salutaire pour l'Église elle-même !

Prière.

O Dieu ! toi qui sais tout ce que le péché a amené de maux et de souffrances sur notre pauvre terre et dans cette pauvre humanité ; toi qui vois tout ce qui se souffre en ce moment même et dont nous ne pourrions pas supporter la vue, nous te recommandons tous ces affligés, pour que tu répandes sur eux les trésors de ta grâce et de ta consolation… Nous ne pouvons pas te les nommer tous, mais tu te les nommes à toi-même ; nous te recommandons les victimes de la guerre, tant de familles plongées dans le deuil, et tant d'autres qui vivent dans une inquiétude continuelle… Nous te recommandons les opprimés et les persécutés pour la justice. Nous te recommandons les esclaves ; considère ces milliers, ces millions d'esclaves opprimés par des hommes qui professent ton nom, par des serviteurs de Christ qui ne sont pas serviteurs. Nous te recommandons les pauvres, —

ah! les pauvres! — les malades, les malades qui sont pauvres... Nous te recommandons tous ceux qui te connaissent, pour que tu les soutiennes et que tu répandes sur eux ta paix et tes consolations. Et quant à ceux qui ne te connaissent pas, nous les recommandons à ta grâce, afin que tu te révèles à eux, car ils n'ont pas d'autre alternative que le désespoir s'ils ne te possèdent pas. Pour moi qui souffre un peu, je confesse Christ et sa paix. Je te rends grâces de la joie que tu répands dans mon âme. Tu nous appelleras peut-être à nous séparer pour un peu de temps; mais qu'est-ce que cela? Nous savons que par ta grâce nous serons tous un jour réunis auprès de toi...

II
Heureux dans la vie et dans la mort.

(21 octobre 1855)

Lecture de Philippiens 1.19-6

> Je sais que ceci me tournera à salut par votre prière, et par le secours de l'Esprit de Jésus-Christ, selon ma ferme attente et mon espérance que je ne serai confus en rien, mais qu'en toute assurance, Christ sera maintenant, comme il l'a toujours été, glorifié en mon corps, soit par la vie, soit par la mort. Car Christ est ma vie et la mort m'est un gain. Mais s'il m'est utile de vivre en la chair, et ce que je dois choisir, je n'en sais rien ; car je suis pressé des deux côtés, mon désir tendant bien à déloger et à être avec Christ, ce qui m'est beaucoup meilleur ; mais il est plus nécessaire pour vous que je demeure en la chair. Et je sais cela comme tout assuré que je demeurerai et que je continuerai d'être avec vous tous, pour votre avancement et pour la joie de votre foi ; afin que vous ayez en moi un sujet de vous glorifier de plus en plus en Jésus-Christ, par mon retour au milieu de vous.

Mes chers amis, je voudrais vous rendre attentifs au sentiment dans lequel le saint apôtre considère ici la vie et la mort. Remarquez d'abord cette parole, qui lui sert de point de départ et qui est comme la devise de sa vie chrétienne : « Pour moi, vivre, c'est Christ, et mourir, c'est un gain » (traduction littérale) ; c'est-à-dire ma vie, ma vie naturelle, dont je vis aujourd'hui et dont je puis mourir demain, n'est pas employée à autre chose qu'à suivre et servir Jésus-Christ. « Mourir, c'est un gain ; » cette parole n'a pas besoin d'explication. Là-dessus, l'Apôtre se demande ce qui vaut mieux pour lui de vivre ou de mourir. Cette question s'est souvent présentée à nous, et peut-être avons-nous dit comme l'Apôtre. Mais il est à craindre que nous l'ayons dit dans un sentiment bien différent. Quand nous avons désiré la mort, cela signifiait : Je ne sais ce que je dois le plus redouter, ou des afflictions de la vie, dont la mort me délivrerait, ou des terreurs de la mort, dont la vie me préserve ; c'est-à-dire que la vie et la mort nous apparaissent comme deux maux dont nous ne savons quel est le moindre. Quant à l'Apôtre, elles lui apparaissent comme deux biens immenses dont il ne sait quel est le meilleur. Personnellement, il préfère mourir, pour être avec Christ. Quant à l'Église et au monde, il préfère vivre, pour servir Jésus-Christ, étendre son règne et lui gagner des âmes. Quelle admirable vue de la vie et de la mort, admirable, parce qu'elle est toute dominée, toute sanctifiée par l'amour, et semblable à la vue que Jésus-Christ en a eu lui-même. Appliquons-nous à entrer dans ce sentiment. La vie est bonne ; la mort est bonne. La mort est bonne, parce qu'elle nous affranchit des misères de cette vie, et surtout parce que, la vie fût-elle pleine pour nous de toutes les joies que la terre peut donner, la mort nous fait entrer dans une joie et une gloire dont nous ne pouvons nous faire aucune idée. Nous devons donc considérer la mort comme une chose désirable en soi. N'éloignons pas de nous ce qui peut nous la rappeler. Que toutes les maladies, que toutes les morts subites, que tout ce qui se passe autour de nous, nous rappelle que, pour chacun de nous, elle peut venir d'un moment à l'autre. La vie aussi est bonne, parce que nous pouvons servir Jésus-Christ, glorifier Jésus-Christ, imiter Jésus-Christ. Il ne vaut pas la peine de vivre pour autre chose. Tout ce que nous avons de force, de souffle, de vie, de facultés, doit être consacré, dévoué, sanctifié, crucifié pour le service de notre

Seigneur Jésus-Christ. Cette vie crucifiée est la vie bienheureuse, même au milieu des plus amères douleurs de la terre, dans laquelle nous pouvons goûter et répandre autour de nous les plus précieuses bénédictions. Aimons la vie, sentons le prix de la vie, mais pour la remplir de Jésus-Christ. Pour avoir un sentiment semblable, le Saint-Esprit seul peut nous transformer en des hommes nouveaux. Mais faisons attention que ce n'est pas seulement notre esprit qui doit être soutenu, consolé, fortifié : c'est l'Esprit de Dieu qui doit venir demeurer en nous. Nous nous appliquons souvent à travailler sur nous-mêmes, à parer notre esprit : c'est bien ; mais cela ne suffit pas. Il faut davantage. Il faut que Jésus-Christ lui-même habite dans nos cœurs par son Saint-Esprit.

O mes amis ! considérons quelles sont les promesses de l'Évangile, et nous verrons combien nous sommes loin de les posséder et d'en jouir. Que Dieu veuille ouvrir le ciel au-dessus de nos têtes, nous tout révéler, nous remplir de toute sagesse, nous faire voir que, même ici-bas, nous pouvons atteindre à la joie parfaite, en attendant que nous jouissions de la plénitude de la félicité et de la victoire, et nous faire recueillir les biens que le ciel se plaît à répandre sur la terre qui s'ouvre pour les recevoir, — pour faire connaître que si la terre est capable de nous abattre et de nous troubler, elle n'est pas capable d'éteindre les vertus du ciel, d'anéantir les promesses de Dieu, ni de jeter un voile, pas même le plus léger nuage, sur l'amour dont Dieu nous a aimés en Jésus-Christ !

III

La communion fréquente.

(28 octobre 1855)

Mes chers amis, je veux que vous sachiez que, prenant fréquemment la communion pendant ma maladie, j'y trouve beaucoup de douceur, et j'espère aussi beaucoup de fruit. C'est un grand mal que la communion soit célébrée si rarement dans notre Église, et un mal auquel de toutes parts on s'applique à remédier. Nos réformateurs, en établissant cet ordre de choses, ont pris soin d'expliquer qu'ils ne le faisaient que pour un temps, et pour prévenir des abus fort graves qui s'étaient glissés dans l'Église primitive. Mais ce qu'ils avaient fait pour un temps est demeuré pendant des siècles dans la plupart de nos Églises. Enfin nous touchons au temps où la fréquente communion nous sera rendue. Calvin dit quelque part que la communion devrait être célébrée au moins tous les dimanches ; remarquez cet *au moins* : si tous les dimanches est *au moins*, qu'est donc *au plus* ? Au plus, c'est de la prendre, comme les premiers chrétiens le faisaient, selon Calvin (et cela ressort aussi assez clairement des Actes), tous les jours, de maison en maison, à la suite du repas de famille. Chacun de vous a pu remarquer que la communion rare donne de la communion, de la préparation qui doit la précéder et des émotions qui la suivent, je ne sais quelle idée étrange et extraordinaire. Il y a lieu de penser que c'est cette rareté de la communion qui a donné lieu à la plupart des controverses soulevées sur ce sujet. Au contraire, la communion fréquente fait comprendre beaucoup mieux le caractère véritable de ce sacrement, et il est impossible que la communion journalière ne le fît pas clairement saisir ; elle apprend à rapporter la communion à tout ce qu'il y a de plus simple dans la vie chrétienne, comme le repas est ce qu'il y a de plus simple dans la vie ordinaire. Quoi qu'il en soit, c'est en voyant dans la communion l'expression la plus simple de notre foi, que nous en profiterons le plus, que nous en retirerons le plus de fruit, et qu'elle nourrira notre âme de la chair et du sang de Jésus-Christ.

Il y a dans notre confession de foi quelques paroles si belles sur ce sujet que je veux vous les faire entendre. Elles expriment ce que je pourrais vous dire moi-même.

« Nous confessons que la sainte Cène nous est un témoignage de l'union que nous avons avec Jésus-Christ, d'autant qu'il n'est pas seulement une fois mort et ressuscité pour nous, mais aussi nous repaît et nourrit vraiment de sa chair et de son sang, à ce que nous soyons un avec lui, et que sa vie nous soit commune. Or, bien qu'il soit au ciel jusqu'à ce qu'il vienne pour juger tout le monde, toutefois nous croyons que par la vertu secrète et incompréhensible de son Esprit, il nous nourrit et vivifie de la substance de son corps et de son sang. Nous tenons bien que cela se fait spirituellement, non pas pour mettre au lieu de l'effet et de la vérité, imagination ni pensée ; mais d'autant que ce mystère surmonte en sa hautesse la mesure de notre sens et tout ordre de nature… Nous croyons que tant en la Cène qu'au baptême, Dieu nous donne réellement et par effet ce qu'il y figure. Et partant, nous joignons avec les signes la vraie possession et jouissance de ce qui nous est là présenté. Et ainsi tous ceux qui apportent à la table sacrée de Christ une pure foi comme un vaisseau, reçoivent vraiment ce que les signes y testifient : c'est que le corps et le sang de Jésus-Christ ne servent pas moins de manger et de boire à l'âme, que le pain et le vin font au corps… Le pain et le vin nous étant donnés en la Cène, nous servent vraiment de nourriture spirituelle, d'autant qu'ils nous montrent comme à l'œil la chair de Jésus-Christ nous être notre viande, et son sang notre breuvage. »

J'ajouterai seulement à cette citation admirable que M. le pasteur Verny l'ayant un jour lue à quelques amis luthériens qui discutaient avec lui sur la communion, ces amis lui dirent : « C'est l'expression exacte de notre foi ; » à quoi M. Verny répondit que ces paroles étaient prises de la confession de foi des Églises réformées ; ce qui prouve qu'en se tenant exactement aux Écritures comme on le fait ici, on domine le champ de la controverse par la foi et la charité.

Eh bien, mes amis, ce dont nous rendons témoignage par la communion que nous venons de célébrer, c'est que la chair et le sang du Sauveur sont véritablement une nourriture et un breuvage ; et que c'est toute l'ambition chrétienne de nos âmes de nous en nourrir jour et nuit, et de chercher toute notre force dans une communion réelle, profonde, vivante, avec Jésus-Christ tout entier. C'est par la prière que nous nous entretenons dans cette communion de Jésus-Christ, qui nous rendra capables de faire ce qu'il a fait et d'être ce qu'il a été ; mais par la prière de la foi, persévérante, ardente, qui n'accepte point de refus, qui veut jouir de tout ce que le Père nous a promis dans sa Parole, et qui ne se tait point ; par la prière qui se tient à genoux, et qui poursuit sa tâche à travers le sang et les larmes, *jusqu'à* ce qu'elle ait obtenu ce qu'elle demande… Oh ! quelle ne serait pas notre force, quelle ne serait pas notre joie, inaltérable et indépendante de toutes les souffrances de ce misérable corps, peut-être déjà à moitié déchiré et détruit, mais qui est le temple du Saint-Esprit dès à présent, et qui demain s'en va être transformé en corps glorieux et spirituel, c'est-à-dire tout rempli du Saint-Esprit, comme le corps de Jésus-Christ lui-même, — quelle ne serait pas notre joie, je ne dis pas si nous avions le moyen, car nous l'avons, mais si nous usions du moyen que nous avons de dominer toujours les douleurs et les combats de la chair, pour arriver toujours au cœur de notre Père, à la joie de notre Sauveur, et à la puissance du

Saint-Esprit ! Méditez, je vous en conjure, sur le Saint-Esprit. Lisez et relisez les discours de Jésus-Christ dans les derniers chapitres de saint Jean, le chapitre 8 aux Romains et le reste, pour apprendre quelle puissance de force et de consolation nous avons dans le Saint-Esprit, qui n'est pas moins que Dieu lui-même. — Oui, mon Dieu, que toi-même, venant habiter dans le corps de ton pauvre enfant, pécheur, misérable, détruit par la souffrance et le péché, mais sauvé par grâce et lavé dans le sang de l'Agneau sans tache ! Pourquoi, quand nous avons de telles promesses, nous laisserions-nous arrêter à moitié chemin ? Pourquoi gémirions-nous de notre faim et de notre soif, quand nous avons devant nous une table abondamment servie, vers laquelle il suffit d'étendre la main de la foi pour nous nourrir jusqu'à être pleinement rassasiés, et à avoir la vie en abondance ? Ah ! si cette petite poignée de chrétiens qui sont ici pouvaient se décider à être heureux tout à fait ; à prier « en priant, » comme Élie ; s'ils pouvaient se décider à vaincre leur lâcheté naturelle, leur paresse spirituelle, leur incrédulité, — que ne pourrions-nous pas, si nous nous en allions par le monde comme les douze apôtres ? Nous remuerions tout Paris ; nous entraînerions tous nos frères et sœurs qui seraient touchés de voir l'Évangile réalisé dans notre vie ! Mon Dieu ! c'est ici notre plus profonde misère, qu'ayant de telles promesses, nous fassions si peu. Viens-nous en aide ! et fais que cette petite communion de la chambre haute soit pour tous ceux qui y ont pris part, ou qui y ont assisté, la semence d'une vie chrétienne nouvelle, pour vivre et pour mourir, et pour être rendus tellement conformes à Jésus-Christ que nous vivions comme il a vécu, et que comme il a dit : « Celui qui m'a vu, a vu mon Père, » nous puissions dire : Celui qui m'a vu a vu mon Maître. Répands cette bénédiction sur ces amis qui sont venus me consoler dans mon affliction, ma bienheureuse affliction…

IV

Le pasteur souffrant pour le bien de l'Église

(4 novembre 1855)

Quelle grâce Dieu nous fait, de nous donner dans la communion une image si simple et en même temps si profonde de la grâce invisible du Seigneur ! Tout le fond de l'Évangile est sur cette table, si nous recueillons les enseignements que nous donne là-dessus l'Écriture, car nous y trouvons ces deux choses : premièrement, Jésus-Christ mourant pour nous ; et cette mort, ce sang, ce sacrifice expiatoire, l'unique espérance de notre salut, accomplissant absolument tout pour les élus de Dieu ; et puis nous y trouvons encore ce Jésus mort, qui pénètre en nous et nous nourrit, qui nous communique par sa chair et son sang la vie, et nous rend ainsi participants de sa nature, comme il l'est lui-même de celle du Père. Mourir à nous-mêmes et vivre à Jésus-Christ, par le Saint-Esprit, après que Jésus-Christ est mort pour nous sur la croix, c'est là tout l'Évangile, toute la foi, toute la vie chrétienne.

Je désire ajouter encore deux mots, que je ne dis pas dans un sentiment personnel, mais dans le sentiment où saint Paul disait : « Que personne ne se relâche à cause des souffrances que j'endure. » Certes, je n'ai garde de comparer à des afflictions si grandes et si directement endurées pour le service de Dieu, celles dont Dieu m'a fait la grâce de me visiter. Mais je désire par l'esprit dans lequel je les accepte, en faire une affliction endurée pour l'Évangile, et aussi, dans ma petite mesure, pour vous. Je désire que personne ne se laisse abattre. Peut-être quelques-uns de mes bons amis sont troublés par la pensée des maux que je souffre. Eh bien, ne le soyez pas. Donnez-moi cette marque d'amour fraternel de n'être pas troublés, mais salutairement excités et réveillés. Ce n'est pas que je ne souffre pas, ou que je ne souffre pas de souffrir. Je ne suis pas stoïcien ; par la grâce de Dieu, je suis chrétien, et je n'ai pas honte de dire qu'il y a des moments où je prie moins que je ne crie avec larmes : je me rappelle que mon Sauveur a jeté de grands cris avec larmes. Mais quoique ces choses soient douloureuses à la chair, elles sont accompagnées de si grandes bénédictions, que le sentiment de la reconnaissance doit dominer dans mon cœur et dans les vôtres. Quelle grâce pour moi, mes chers amis, que Dieu voulant prendre l'un d'entre nous pour rappeler aux autres les instructions de la vie, les pensées de la mort, du péché, de la grâce, de la sanctification, ait daigné me choisir ! Quel privilège qu'en me prenant il ait épargné mes frères, et quel privilège qu'il m'ait choisi pour vous donner ces leçons de vie éternelle ! Et puis pensez combien ce qui m'arrive est propre à me faire apprécier un délogement chrétien, à quelque moment qu'il doive venir pour moi. Ne cherchons tous qu'à glorifier Dieu : s'il lui plaît de me guérir, je lui demande que ce soit pour sa gloire ; s'il veut me retirer, je serai heureux d'être recueilli dans son sein. Je ne puis savoir ce qui me serait meilleur, ni pour l'Église : je m'abandonne complètement à lui. Mais quelle grâce n'est-ce pas pour moi d'avoir été préféré pour être ainsi mûri par les souffrances ! Vous avez donc sujet de vous réjouir pour moi. Et pour vous-mêmes, n'est-il pas vrai que mon affliction a contribué à appeler votre pensée sur la mort, sur l'éternité, sur les vérités évangéliques ? N'est-il pas vrai que par l'amour fraternel qui nous unit, vous avez été poussés à prier ? Je sens que le peuple de Dieu me porte sur ses prières, et j'en suis rempli de joie et pénétré de reconnaissance. Eh bien, n'y a-t-il pas là un grand bien pour vous ; et ne sentez-vous pas que tout ce qui m'arrive est propre à répandre dans ma société plus immédiate, dans ma famille en particulier, un esprit de paix, de sérénité, et que notre maison est dans une mesure moins imparfaite qu'elle ne l'a été jusqu'ici, une maison de prières, où le nom de Dieu est constamment invoqué, comme il est constamment invoqué sur elle ? Il y a donc là des grâces à recueillir. Et comprenez combien je trouve de douceur à cette pensée que je suis affligé pour votre bien ; parce que rien ne peut rapprocher davantage mes souffrances de celles de mon Sauveur. Ainsi je dis dans l'esprit de ce même saint Paul que j'ai déjà cité : « Je me réjouis donc maintenant en mes souffrances pour vous, et j'accomplis le reste des afflictions de Christ en ma chair, pour son corps, qui est l'Église. » O merveille de la grâce de Dieu ! ô puissance de l'Évangile ! ô amertume du péché ! fermeté immuable de la grâce ! Luttons contre le péché, mes amis : c'est le seul mal, c'est le seul mal. Et maintenant que je me trouve en présence du péché, appelé à repasser devant Dieu tous les péchés de ma vie et à lui en demander pardon, je sens combien cette lutte est terrible, combien le péché est profondément enraciné, et combien il serait insensé de nous plaindre des maux que Dieu nous envoie, puisque ces maux mêmes ne suffisent pas à déraciner ce malheureux orgueil, cet affreux égoïsme, et par-dessus tout, cette détestable incrédulité.

Que la paix de Dieu soit avec nous. Mettez de côté les sentiments personnels. Ne voyez pas en moi le père, l'ami, ou du moins ne les voyez que dans une certaine mesure : mais voyez avant tout en moi le ministre de Jésus-Christ, et demandez à Dieu que jusqu'à mon dernier souffle je sois rendu fidèle dans ce ministère. Ne voyez pas en moi l'homme, mais voyez l'œuvre que Dieu veut accomplir en moi et en vous. Prenons courage. Demandons à Dieu qu'il nous remplisse de son Esprit, qu'il nous rende capables de dominer la chair par l'esprit, en attendant qu'il nous recueille de devant le mal, et qu'il nous fasse goûter par Jésus-Christ dans un corps spirituel et dans une âme sanctifiée, la joie, les délices et la gloire que nous a mérités, tout seul, le sang répandu de Jésus-Christ !

V

Quelques mots sur la lecture de la Bible.

(11 novembre 1855)

———⋅⋅⋅———

J'ai la coutume, dans cette circonstance, d'adresser aux amis qui ont la bonté de se réunir autour de moi quelques paroles d'exhortation chrétienne. Mon état de souffrance me prive aujourd'hui de cette consolation. Je me borne à vous citer un fait d'expérience chrétienne qui pourra vous amener à réfléchir salutairement sur le prix de la Parole de Dieu, et je le prends en toute simplicité dans ce qui m'est arrivé cette semaine. Dans une de mes nuits où j'ai beaucoup souffert et peu dormi, vers la fin de la nuit, à quatre heures et demie, je m'étais établi dans mon lit avec l'espoir de prendre quelque repos, lorsque j'invitai mon veilleur, un de ces bons jeunes gens qui ont la bonté de me consacrer une partie de leurs forces [a], à me lire un chapitre de la Parole de Dieu. Il offrit de me lire le huitième de l'Épître aux Romains. J'acceptai, mais en le priant, pour avoir la suite des idées, de remonter jusqu'au sixième et même au cinquième. Nous lûmes de suite ces quatre chapitres 5, 6, 7, 8, et je ne songeais plus à dormir,

---

a. M. Ad. Monod a été veillé chaque nuit, pendant plus de six mois, par un petit nombre de jeunes amis, presque tous étudiants en médecine, dont le dévouement et les soins affectueux adoucissaient pour lui ces longues heures d'insomnie et de souffrances.

tellement mon attention, mon intérêt, mon admiration étaient appelés par le langage céleste de saint Paul, je veux dire du Saint-Esprit parlant par saint Paul. Puis nous lûmes le neuvième, et les suivants, jusqu'à la fin, toujours avec un intérêt égal et soutenu ; et puis les quatre premiers, pour ne rien laisser en arrière, et avoir lu l'Épître entière. Deux heures environ avaient passé dans cette lecture, et je ne songeais plus qu'à écouter la Parole de Dieu et à en profiter ; et le Seigneur pourvut dans sa bonté à ce repos qui m'avait manqué. Mais je ne saurais vous dire combien je fus frappé, dans cette lecture de l'Épître aux Romains dans son ensemble, de ce cachet de divinité, de vérité, de sainteté, de charité et de puissance qui est empreint sur chaque page et sur chaque mot. Nous sentions, mon jeune ami et moi, sans nous être d'abord communiqué nos pensées, que nous entendions parler du ciel ; et qu'indépendamment de tous ces témoignages qui attestent l'inspiration et l'autorité divine de l'Écriture, elle se rend à elle-même, comme Jésus-Christ à lui-même par ses œuvres, un témoignage pleinement suffisant. Nous avons senti aussi combien il est utile de lire l'Écriture dans son ensemble, et combien on perd à n'en prendre que des portions, des fragments, des versets détachés. On ne comprend un livre qu'en le lisant de temps en temps dans son ensemble. Cela nous fit comprendre qu'on doit faire deux études de la Parole de Dieu : l'une d'ensemble, pour produire en nous l'impression si bénie que nous venions de recevoir, et l'autre de détail, pour se rendre compte de chaque verset et de chaque mot. Mais l'impression principale fut une impression d'humiliation. Nous nous disions l'un à l'autre : Comment ! nous avons un trésor tel que celui-là auprès de nous, et nous négligeons d'y puiser ! Nous venions de passer deux heures dans le ciel ; nous nous trouvions transportés, non seulement au milieu des meilleurs d'entre les hommes, des organes inspirés et privilégiés du Saint-Esprit, mais des anges élus, et dans la société de Jésus-Christ ; et nous avons résolu, en plaçant cette résolution sous la garde de celui qui peut seul protéger les résolutions de ses enfants, de nous livrer avec une tout autre ardeur à l'étude de l'Écriture ; de lui sacrifier, s'il le faut, une foule de lectures instructives et utiles, mais qui ne sont pas comparables à la Parole de Dieu ; et de vivre avec cette Parole comme nous souhaitons de vivre avec Dieu lui-même, parce que la lecture de cette Parole inspirée par l'Esprit de Dieu est comme un entretien avec Dieu. Je vous recommande, mes chers amis, la Parole de Dieu constamment et profondément étudiée et méditée. Elle nous élèvera au-dessus de tout le reste ; elle sera la force de notre vie, la joie de notre cœur, et notre consolation puissante dans la vie et dans la mort, par Jésus-Christ. Je le demande pour vous comme pour moi. Amen.

VI

Dieu glorifié dans la souffrance.

(18 novembre 1855)

La prière de notre frère que nous venons d'entendre a été remplie de cette pensée, que nous devons, chacun de nous, selon sa position, glorifier Dieu. Je voudrais, en quelques mots, vous faire sentir et me faire sentir à moi-même, combien c'est un immense privilège que d'être appelé à glorifier Dieu. Songez ce que c'est ! Dieu, le souverain Créateur, l'unique auteur de toutes choses, par la volonté seule duquel elles subsistent et elles ont été créées ; Dieu, le seul Sauveur de l'humanité perdue et coupable, et le seul consolateur de l'humanité souffrante ; Dieu, de qui tout bien procède, qui n'a aucun besoin de nous, nous invite à ajouter quelque chose à sa gloire, en lui rendant témoignage devant ses créatures, et en contribuant ainsi, pour notre part, à la sanctification de son nom. Il veut que ce soit là la loi suprême de notre vie. La vraie piété demande, aussi bien que la vraie sagesse et la vraie philosophie, même humaine, un principe unique qui dirige la vie tout entière et auquel nous puissions tout rapporter ; et cette unité que les hommes s'en vont chercher, les uns dans le monde, les autres en eux-mêmes, ou dans un Dieu imaginaire, nous la trouvons, nous, dans le Dieu vivant et vrai, seul saint, seul sage, seul éternel, seul de qui dépende et notre félicité éternelle dans son développement, et le moindre bien-être que nous pouvons goûter de jour en jour dans les sentiments de notre cœur ou dans les sensations même de notre pauvre corps. Et qui sont ceux qu'il appelle à contribuer à sa gloire ? Ce sont les anges, et ils en sont bien heureux ; ils pensent combien est grand ce privilège pour eux. Mais ce n'est pas seulement les anges, c'est encore nous, misérables pécheurs, dignes de la colère de Dieu, placés par nos œuvres sous sa malédiction, qu'il ne se borne pas à tirer par la main de ce profond abîme, mais auxquels il dit encore en nous retirant : Maintenant glorifie-moi ; comme si nous pouvions rendre quelque chose à celui de qui nous avons tout reçu, à commencer par le pardon de nos péchés. Ah ! si nous pouvions sentir quelle grâce Dieu nous fait que de nous employer à ajouter quelque chose à sa gloire, nous ne serions pas occupés d'autre chose, et nous trouverions à cela, mes bien-aimés, la consolation la plus douce et la plus profonde que nous puissions goûter. Car ce ne sont pas seulement des pécheurs pardonnés qui sont appelés ainsi à glorifier Dieu après avoir été sauvés ; mais ce sont des pécheurs souffrants, misérables, et traînant péniblement la vie avec les souffrances de l'âme et celles du corps. Ceux-là sembleraient exclus du privilège de glorifier Dieu, absorbés qu'ils sont par les douleurs et les peines de la vie. Ah ! pas du tout. Ce sont ceux-là qui sont le plus spécialement appelés à le glorifier, et qui trouvent dans leurs souffrances, comme ils ont trouvé dans leurs péchés expiés, un moyen de plus de donner gloire à celui qui nous a appris à dire : « Quand je suis faible, alors je suis fort. » Quelle consolation pour ceux qui souffrent, de pouvoir se dire : Je puis par mes souffrances, que je supporte patiemment, paisiblement, en attendant que ce soit joyeusement et glorieusement, je puis, par ces souffrances, donner à Dieu une gloire que je n'aurais pas pu lui donner autrement ; et quelle douceur infinie ceux qui souffrent trouvent dans cette pensée ! C'est par là surtout que la souffrance est un privilège. Souffrir est pour le chrétien un privilège. Souffrir beaucoup est un privilège spécial. Et tous ceux qui souffrent doivent entrer dans ma pensée et « remettre leurs âmes à Dieu, comme au fidèle Créateur, en faisant ce qui est bon. » Hélas! nous ne pouvons pas le faire de nous-mêmes. « L'esprit est prompt, mais la chair est faible; » et le moment après que nous nous sommes élevés jusqu'au ciel par les simples paroles de l'Évangile, voilà cette misérable chair qui nous entraîne, qui, pour ainsi dire, nous prenant par les pieds, nous attire vers la terre, et nous y enchaîne par le poids de la douleur. Mes amis, c'est le combat de notre vie entière; c'est le combat de la vie et c'est le combat de la mort.

Mais nous avons avec nous Jésus, le chef et le consommateur de notre foi, qui a été consacré lui-même par la souffrance, et qui est puissant aussi pour soutenir ceux qui sont tentés. Que notre constante prière soit : « Seigneur, augmente-nous la foi! Je crois, Seigneur, assiste-moi dans mon incrédulité! » O mes amis, qui, dans votre amour fraternel, êtes venus vous unir à moi pour célébrer cette douce communion, qui nous est une si vivante image de notre communion avec Dieu et les uns avec les autres, — que Dieu bénisse chacun de vous, et qu'il fasse à chacun de nous la grâce de ne vivre que pour sa gloire, de ne souffrir que pour sa gloire, de ne parler que pour sa gloire, en attendant que ce soit de mourir pour sa gloire, en Jésus-Christ crucifié et ressuscité!

Prière.

O mon Dieu, répands sur chacun de nous toutes les grâces dont tu disposes en Jésus-Christ, avec une libéralité infinie. Accorde-nous la grâce de vivre dans ta communion et de te glorifier, afin que ta volonté soit accomplie sur cette pauvre terre comme elle l'est dans le ciel, par Jésus-Christ notre Seigneur. Regarde dans tes compassions ce monde pour lequel Jésus-Christ est mort, et qui est encore plongé dans les ténèbres, dans les calamités, dans la souillure et dans le crime. Regarde dans tes compassions ton Église que tu as choisie dans le monde, et qui s'est détournée de tes saints desseins, et a pris la ressemblance du monde en conservant le nom d'Église. Regarde à nous et à tous tes enfants. Regarde à tous ceux qui souffrent. Nous plaçons sous ta protection la nombreuse et touchante famille des affligés, des malades, des prisonniers, des esclaves, des persécutés, surtout de ceux qui le sont pour la justice, et des opprimés de toute espèce. Apprends-leur à tourner vers toi le regard de la foi. Hâte le développement du règne de Jésus-Christ. Qu'il vienne, et qu'on connaisse alors ce que tu as fait en l'envoyant dans le monde ! Amen.

VII

L'amour de Dieu manifesté
dans les siens

(25 novembre 1855)

———◦∞◦———

J'ai bien craint, chers amis, de ne pouvoir aujourd'hui, vaincu par la souffrance et la fatigue, vous adresser quelques paroles ; et cependant voici que le Seigneur m'en accorde encore la grâce, en me donnant quelque soulagement. Comprenez combien je suis reconnaissant pour la faculté qu'il me laisse, contre toute prévision humaine, d'exercer ainsi en quelque mesure chaque dimanche ce ministère que je voudrais exercer jusqu'au dernier souffle de ma vie ; car mon ministère, c'est ma vie, et, je sens que quand je n'aurai plus de ministère à exercer, c'est que je serai recueilli pour exercer un autre et meilleur ministère. Et demandez à Dieu qu'il ne me retire pas cette consolation de pouvoir recevoir ainsi chaque dimanche le corps et le sang de mon Sauveur, pour fortifier et mon corps et mon âme en lui, et adresser aussi à mes frères quelques paroles d'édification et d'exhortation.

Dimanche dernier, j'insistais en quelques mots avec les amis qui étaient présents (et qui changent chaque dimanche) sur le privilège immense qu'il y a à pouvoir glorifier Dieu, ce qui nous est non seulement permis, mais commandé. J'ajouterai aujourd'hui qu'il y a un point de vue auquel nous sommes spécialement obligés et spécialement heureux de pouvoir le glorifier. Si parmi les perfections de Dieu que nous sommes appelés à manifester devant les hommes, il y avait une perfection dont la manifestation fût l'objet de sa complaisance particulière, n'est-il pas vrai que ce serait en imitant et en manifestant en nous cette perfection-là que nous pourrions le mieux le glorifier ? Eh bien, quelle est la perfection dans laquelle Dieu manifeste le mieux sa présence ? n'est-ce pas la bonté ? N'est-il pas écrit : Dieu est amour ? Dieu est juste ; et pourtant il n'est pas écrit : Dieu est justice. Dieu est puissant ; et pourtant il n'est pas écrit : Dieu est puissance. Mais il y a deux perfections auxquelles cet honneur particulier est fait par le disciple bien-aimé couché dans le sein de son Sauveur : la sainteté et l'amour ; « Dieu est lumière, Dieu est amour ; » et tandis qu'il dit une fois dans sa première épître : « Dieu est lumière, » il dit deux fois, à quelques versets d'intervalle : « Dieu est amour, » comme pour relever encore cette perfection au-dessus de l'autre.

S'il en est ainsi, mes chers amis, ce que nous avons à faire pour glorifier Dieu, c'est de manifester cet amour qui est en lui, de manière qu'en nous voyant vivre, en nous entendant parler, en nous contemplant agir, en nous regardant souffrir, vivre et mourir, on puisse, non pas nous admirer, mais admirer en nous l'amour de Dieu. Et comment pouvons-nous manifester l'amour de Dieu ? Jésus-Christ nous l'a fait voir. Il a par excellence manifesté cet amour ; il a entre tous glorifié Dieu et contraint tendrement tous ceux qui le contemplaient avec foi à dire en le voyant : Quel amour il y a en Dieu ! — puisque celui qui nous a dit : « Celui qui m'a vu a vu mon Père, » est lui-même rempli de tant d'amour. Et comment l'a-t-il fait paraître ? Il l'a fait paraître en toutes choses. Mais il l'a fait paraître surtout en souffrant pour ses frères ; en souffrant d'abord pour leur délivrance temporelle : « Il allait de lieu en lieu en faisant du bien. » Mais ces guérisons n'étaient que le type et l'image de la vraie délivrance qui est spirituelle ; il l'a fait voir surtout en souffrant pour leur délivrance spirituelle, et c'est là le plus haut point de la manifestation que nous pouvons faire de l'amour de Dieu : c'est de souffrir pour nos frères et particulièrement pour le salut de leurs âmes. Nous le pouvons tous, mes chers amis. Tous ne le peuvent pas d'une manière spéciale et directe comme l'apôtre Paul, dont la vie entière était consacrée à la prédication de l'Évangile, et qui disait : « J'achève de souffrir le reste des afflictions de Christ en ma chair pour son corps qui est l'Église ; » — il ne nous faut pas chercher quelque interprétation bien précise de ces paroles : il y a une infinité de charité, une profondeur d'amour dans ces paroles de saint Paul, qui ne se laissent pas renfermer dans les définitions humaines. Sa vie tout entière est remplie du besoin d'imiter son Sauveur, qui « nous a laissé un exemple afin que nous suivions ses traces ; » et comme son Sauveur a souffert pour les hommes pour les sauver, Paul éprouve le besoin de souffrir pour ses frères, non pas pour les sauver, — nul n'a déclaré plus clairement qu'aucun homme, aucune créature ne peut rien pour nous sauver, — mais pour travailler à leur salut : « En faisant ces choses tu te sauveras toi-même, et ceux qui t'écoutent. »

Mais quand même nous n'aurions pas de ces souffrances directement endurées, comme celles de Paul, pour le service de Dieu et pour le bien des hommes, il n'y a aucune de nos souffrances à laquelle nous ne puissions communiquer ce caractère par l'esprit que nous y portons. Si « souffrant par la volonté de Dieu, nous lui remettons nos âmes comme au fidèle Créateur en faisant ce qui est bon, » et si nous nous appliquons à tourner ces souffrances, celles de l'âme, de l'esprit et du corps, toutes celles qu'il plaira à Dieu de nous envoyer, au bien des hommes, à leur bien temporel, et surtout à leur bien spirituel, nous aurons atteint le but pour lequel Dieu nous les a envoyées. Et en général, mes bien-aimés, plus nous aimerons, plus nous marcherons dans cette communion spirituelle entre nous et avec Dieu, plus nous serons semblables à lui. Allons donc dans le monde, chacun d'entre nous, comme un reflet de l'amour divin ; et que toutes nos paroles, nos œuvres, nos pensées les plus secrètes, nos prières les plus intimes, respirent cet amour que Dieu nous a révélé en Jésus-Christ, et obligent les hommes à dire : Oh ! que Dieu est vraiment amour !

VIII
La foi.

(2 décembre 1855)

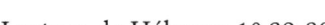

Lecture de Hébreux 10.32-39

Or, rappelez dans votre mémoire les jours précédents, durant lesquels, après avoir été illuminés, vous avez soutenu un grand combat de souffrances ; ayant été d'une part exposés à la vue de tout le monde par des opprobres et des afflictions, et de l'autre, ayant participé aux maux de ceux qui ont souffert de semblables indignités. Car vous avez été aussi participants de l'affliction de mes liens, et vous avez reçu avec joie l'enlèvement de vos biens ; sachant en vous-mêmes que vous avez dans les cieux des biens meilleurs et permanents. Ne perdez point cette fermeté que vous avez fait paraître et qui sera bien récompensée, parce que vous avez besoin de patience, afin qu'après avoir fait la volonté de Dieu, vous receviez l'effet de sa promesse. Car encore un peu de temps, et celui qui doit venir viendra, et il ne tardera point. Or, le juste vivra de la foi ; mais si quelqu'un se retire, mon âme ne prend point de plaisir en lui. Mais pour nous, nous n'avons garde de nous retirer, ce serait notre perdition ; mais nous persévérons dans la foi, pour le salut de l'âme.

Cette foi qui fait le sujet des quelques versets qu'on a commencé par nous lire, et qui fait le sujet de cet admirable chapitre 11 aux Hébreux qui suit immédiatement après ; cette foi, dont le sacrement de la Cène est une image à la fois si simple et si profonde ; cette foi, mes amis, est notre unique puissance et notre unique paix ; car la foi n'est rien moins que la puissance de Dieu mise à la disposition de l'homme. Dans ce chapitre onze, saint Paul résume dans la foi seule tous les dons non seulement de sanctification, mais de prophétie et de miracles. Il ne dit pas : Comment Moïse a-t-il pu traverser la mer Rouge ? c'est pour avoir été revêtu d'une puissance surnaturelle ; mais il dit : C'est parce qu'il a cru. Il ne dit pas : Comment Abraham a-t-il pu faire les grandes choses qu'il a faites ? c'est par une puissance surnaturelle ; mais il dit : C'est parce qu'il a cru ; où nous devons admirer non pas seulement que le Saint-Esprit explique toutes les plus grandes œuvres des saints par un principe intérieur et tout spirituel, mais encore, par un principe qui nous est accessible à tous ; puisqu'enfin si on ne nous parle, même à l'occasion d'un Moïse et d'un Abraham, que de foi, nous voyons que chacun de nous peut être rendu capable par cette même foi d'accomplir l'œuvre que Dieu met devant nous, comme ils l'ont été d'accomplir les œuvres que Dieu leur avait données à accomplir. Ces œuvres varient ; mais le principe par lequel Dieu les accomplit dans chacun, est le même : il est un, il est divin, il est tout-puissant. N'en soyons pas étonnés. Il semble bien étonnant d'abord que le fait seul que Dieu nous entend et nous exauce puisse accomplir de telles merveilles, et véritablement la volonté de Dieu réalisée dans le plus humble chrétien n'est pas une moindre merveille que la mer Rouge traversée et que tous les prodiges accomplis. Mais en y réfléchissant un moment, on comprend la puissance de la foi par sa nature. Quelle chose merveilleuse, que nous puissions, vous et moi, placés au milieu de ce monde plongé dans le péché, sollicités par la vue, par les sens, par la volonté propre, par les exemples, et enfin par l'évidence de nos organes, démentir tout cela, et croire contre l'espérance, contre l'expérience, contre la vue, l'irrésistible vue, un mot, un petit mot que Dieu nous dit. Vous vous rappelez ce mot de Luther : « *Ein Wertlein kann ihn fœllen* » (un petit mot peut le faire tomber) ; et si la foi, c'est ce petit mot de Dieu pénétrant dans notre cœur, il n'est pas étonnant que la foi soit toute-puissante, parce qu'il n'est pas étonnant que Dieu fasse tout ce qu'il veut. Mais cette foi si grande dans ses effets et si prodigieuse dans sa nature qu'elle ne peut être qu'une création de Dieu dans notre âme, — un homme qui croit, c'est quelque chose de plus étonnant qu'un monde nouveau formé par la main de Dieu, — comment pouvons-nous l'avoir ? en la demandant : Dieu donne à qui lui demande. Mais ici, mes chers amis, prenons garde. On pourrait croire que c'est une foi bien commode à obtenir que celle-là, et qu'il suffira, dans le moment où vous aurez besoin de foi, d'adresser une prière à Dieu pour l'obtenir. Non, non : les biens de Dieu ne sont pas à si bon marché. Il lui plaît quelquefois sans doute, et pour montrer ce qu'il est, de créer tout à coup un homme nouveau en réponse à une seule prière : mais ce n'est pas la marche ordinaire de sa providence. Cette foi, quoiqu'elle soit accordée à nos prières, est le résultat d'une longue et laborieuse conquête, et elle le mérite bien : Dieu veut que nous luttions pour l'obtenir. Adams a dit dans ses *Pensées* une chose bien vraie : « La prière est la plus facile de toutes les œuvres, mais la prière de la foi est la plus dure de toutes. » C'est en nous mettant souvent à genoux, en réitérant nos prières, en montrant à Dieu que nous sentons le prix de la foi, et en ajoutant à la prière l'exercice, en sorte que nous recevions par une première prière un peu de foi, par laquelle nous serons encouragés à une prière plus fervente qui nous obtiendra une foi nouvelle, que nous y parviendrons. Nous avons pour croître dans la foi trois choses à faire : la demander, la mettre en exercice, et la voir en exemple chez les grands saints par l'étude approfondie de l'Écriture. N'espérons rien obtenir de Dieu si nous n'en sentons le prix.

Et voici surtout l'application que je veux faire en peu de mots de ce que je viens de dire. Il faut recueillir de la foi pour l'avenir ; il faut travailler aujourd'hui pour avoir la foi dont vous aurez besoin dans cinq, dix, vingt ans. Il faut amasser jour après jour cette provision spirituelle, afin que tout entourés des dons de Dieu les plus abondants, vous n'ayez plus qu'à ouvrir les yeux et à étendre les mains lorsque viendra le temps où la force même de prier sera affaiblie, où votre corps languissant et votre esprit abattu se prêtera moins à cette lutte terrible dont la foi est le prix et la récompense. Ah ! n'attendez pas ces moments suprêmes pour acquérir la foi : on la trouve toujours ; mais appliquons-nous à les prévenir en amassant toujours et toujours, et en croissant tous les jours dans la foi. Je suis, mes amis, dans une position où rien ne m'importe que la foi. Comme le disait notre frère dans sa prière, nous avons par elle la puissance, la paix, la joie.

Hélas ! il est facile de dire et de prêcher à distance que la foi doit triompher de tout : mais quand il faut lutter corps à corps avec l'ennemi, mais quand il s'agit de tout obtenir, mais quand il s'agit de suivre Jésus-Christ, premièrement le matin au désert, et puis le soir en Gethsémané, et puis l'après-midi en Golgotha, on sent que c'est sérieux. Dieu soit béni, éternellement béni, vous me comprendriez bien mal, si vous pensiez, parce que je parle de la sorte, que Dieu ne me soutient pas. Il me soutient admirablement. Mais je veux que vous sachiez d'avance que le combat est rude, bien plus que je ne le croyais avant d'y avoir passé, — afin que vous fassiez ce que j'ai fait dans ma petite mesure, mais que je souhaiterais maintenant d'avoir fait bien davantage ; que vous croissiez tous les jours dans la foi ; que vous ne viviez que pour croître dans la foi ; que vous ne soyez devant Dieu que des hommes de foi et de prière, se préparant par l'accomplissement de sa volonté d'aujourd'hui à l'accomplissement de sa volonté de demain. Oh ! combien mes souffrances seraient adoucies, combien elles sont adoucies par la pensée qu'elles vous sont utiles, que les paroles que je vous adresse dans mon infirmité ont pénétré dans vos cœurs par le Saint-Esprit ! O mes amis ! si cette petite poignée d'hommes que nous sommes ici étaient des hommes de foi, il y aurait bien des chapitres 11 aux Hébreux à écrire sans sortir de cette chambre haute !

IX

Jésus-Christ notre exemple dans la souffrance.

(9 décembre 1855)

———◦⊙◦———

En présence de Jésus-Christ qui nous nourrit de sa chair et de son sang, et qui nous nourrit continuellement par la foi, j'ai à cœur d'adresser quelques mots à ceux qui souffrent. Je suis bien sûr, quelque petit que soit mon auditoire, que mes paroles tomberont sur un terrain préparé pour les recevoir. Nous souffrons tous. Ceux qui souffrent le plus ne sont pas toujours ceux qui paraissent le plus souffrir. Il y a des douleurs connues de Dieu et inconnues aux hommes, et en tout cas, tout ce qui sent, tout ce qui pense, tout ce qui croit, connaît profondément ce que c'est que la douleur.

Il y a quelque chose dans la douleur de bien contraire à notre nature, et à quoi il nous est bien difficile de nous habituer, car il nous semble que nous devrions être toujours heureux. Ce sentiment n'a rien que de légitime ; il honore la bonté de notre Créateur. Il est parfaitement vrai que nous devrions être parfaitement exempts de douleurs et toujours remplis de joie ; mais le péché a troublé tout cela, et maintenant ce qui était contraire à la nature est devenu naturel, et il entre dans les vues de Dieu, dans nos habitudes constantes, et dans nos intérêts éternels, que nous souffrions en diverses manières. Vous savez comment Job rassemble et classe les principales douleurs de la vie : la perte des biens, la perte de ceux qui nous sont chers, et la perte de la santé, qu'il a réservée pour la dernière : ou plutôt cet ordre est de Satan, qui se connaît bien en tentations. Dans ce moment, si les cœurs de nous tous qui sommes ici s'ouvraient, que de douleurs n'aurions-nous pas à raconter à Dieu !

Eh bien, mes chers amis, je n'aurais absolument rien à vous dire pour vous consoler, si je ne le prenais dans la Parole de Dieu. Il n'y a pas de consolation dans la nature : elle n'explique rien, elle ne comprend rien, elle n'espère rien, elle n'attend rien, et son espérance même et son attente sont vides. Mais je suis plein de choses à vous dire en contemplant la croix de Jésus-Christ autour de laquelle nous sommes rassemblés pour célébrer la mémoire de son sacrifice. Purifiés de nos péchés par son sang, — vous l'entendez bien, — purifiés de nos péchés par son sang, rachetés par son sacrifice amer, nos péchés étant expiés par sa croix, et dans le sens le plus simple, le plus populaire et le plus profond tout ensemble, Jésus-Christ étant la victime de propitiation qui nous réconcilie avec Dieu par sa mort : c'est là le fond de l'Évangile, c'en est le cœur, et en dehors de là il n'y a qu'un Évangile effacé et impuissant. Mais sous la croix, l'aspect de la douleur change complètement, et change en proportion de notre foi. Jésus-Christ, le Fils de Dieu, a paru dans le monde. Comment y paraît-il ? comme homme de joie ? Non, comme homme de douleurs. Voilà un prodige, une chose étonnante et contraire à l'ordre : le Fils de Dieu paraissant sur la terre y apparaît non seulement comme souffrant, mais comme souffrant ce qu'aucun homme ne peut concevoir de souffrances. La croix de Jésus-Christ est le centre de toutes les douleurs, elle absorbe toutes les douleurs, il n'y en a pas qui n'en découle naturellement, il n'y en a pas que la croix de Jésus-Christ ne nous explique. Mes chers amis, lorsque nous nous rappelons que Jésus-Christ a souffert pour nous, lorsque nous considérons que tout ce que nous souffrons est un trait de ressemblance avec notre Sauveur, et que, par ce caractère infini de ses souffrances, nous lui ressemblons d'autant plus que nous souffrons davantage, n'est-il pas vrai que la douleur est changée ? Cette pensée que Jésus-Christ l'a portée avant nous, qu'elle n'a pas pu lui être épargnée, n'est-elle pas lumineuse et en même temps douce ? Et quel est celui, quelque abattu qu'il soit, qui ne soit soutenu par la pensée : C'est comme mon Sauveur ; c'est un trait de ressemblance avec lui ; maintenant je connais que je lui appartiens, qu'il m'appelle, et que je commence à entrer dans les vues de Dieu et à comprendre quelles sont ses voies ; j'unis ma croix à sa croix et mes souffrances à ses souffrances. — C'est pour cela que saint Paul dit : « Ceux qu'il a préconnus, il les a aussi prédestinés à être conformes à l'image de son Fils, afin qu'il soit le premier-né entre plusieurs frères. Et ceux qu'il a prédestinés, il les a aussi appelés ; et ceux qu'il a appelés, il les a aussi justifiés ; et ceux qu'il a justifiés, il les a aussi glorifiés. » Il a voulu que nous fussions « conformes à l'image de son Fils, » et le contexte nous montre qu'il s'agit essentiellement ici d'une conformité de douleurs. Voilà une première pensée qui est puissante pour nous soutenir : c'est que la douleur est une partie essentielle de la vie de Jésus-Christ, et que c'est ainsi un trait de ressemblance avec lui.

Et en voici une autre. Pourquoi Jésus-Christ a-t-il souffert ? Pour expier le péché. Alors la douleur nous apparaît comme une suite juste du péché. Nous ne pouvons pas porter les douleurs que Jésus-Christ a portées ; mais nous serons heureux, dans un sentiment de justice et de punition, d'en porter notre part : « Pourquoi se dépiterait l'homme mortel à cause de ses péchés ? » Ce passage de saint Pierre : « Armez-vous donc de cette pensée que, puisque Christ a souffert dans la chair, celui qui a souffert dans la chair a cessé de pécher, » nous montre que, pour que nous puissions rompre avec le péché, il faut que nous souffrions ; il faut que, pour notre part et dans notre personne, le péché et la douleur soient mis en présence, et que la douleur soit employée à détruire le péché en nous, non pas comme expiation du péché, — elle ne se trouve qu'en Jésus-Christ, — mais pour que nous apprenions à unir la douleur au péché, et la joie à la sanctification et à la délivrance. Eh bien, cette pensée que la douleur est un fruit du péché, est propre à nous soutenir, parce qu'elle nous fait considérer la douleur comme un chemin simple et naturel, qui ne pouvait pas, qui ne devait pas nous être épargné.

Et enfin, pourquoi Jésus-Christ a-t-il souffert en expiation du péché ? Pour nous sauver et pour nous rendre participants de la gloire éternelle, par amour : voilà la pensée qui domine dans les souffrances du Sauveur. Eh bien, il faut que notre douleur soit une douleur d'amour et non pas d'égoïsme, qui n'appelle pas notre attention sur nous-mêmes, mais qui l'appelle sur Dieu d'abord pour le glorifier, et qui l'appelle ensuite sur notre prochain pour lui faire du bien. Par l'exemple qu'un chrétien peut donner dans les souffrances, par la patience avec laquelle Dieu lui donne de les supporter, il y a des trésors de charité et de puissance de charité dans une douleur chrétienne. Quelle douce et céleste pensée que celle que nous pouvons être utiles en souffrant à nos semblables, et surtout à nos frères ! Qu'est-ce qui peut rapprocher davantage nos souffrances de celles de Jésus-Christ ? C'est la pensée que saint Paul exprime quand il dit dans un passage que j'aime à citer : « J'achève de souffrir dans ma chair le reste des afflictions de Christ pour son corps, qui est l'Église. » Je n'entre pas dans l'explication de ce verset, qui présente des difficultés : assurément saint Paul ne songeait à rien moins qu'à souffrir en expiation du péché ; mais il unit ses souffrances à celles du Sauveur, et, parce qu'il a souffert pour nous sauver, Paul souffre pour le bien de l'humanité, ainsi qu'il l'écrit à Timothée : « En faisant ces choses, tu te sauveras toi-même et ceux qui t'écoutent. »

Voilà ce qui soutient le chrétien dans la douleur. Jésus-Christ a souffert : plus je souffre, plus je lui ressemble, la douleur est un privilège. Jésus-Christ a souffert pour le péché : la douleur est un fruit nécessaire, salutaire du péché. Enfin Jésus-Christ a souffert pour sauver : et moi, je dois souffrir pour faire du bien aux hommes et amener les âmes captives à l'obéissance de la croix. Que tous ceux qui souffrent s'appliquent à sortir d'eux-mêmes, à rejeter une douleur égoïste, sans foi, sans amour et aussi sans consolation, et à entrer dans l'amour de Christ pleinement, afin que leur douleur soit aussi comme une croix plantée sur la terre, à l'ombre de laquelle se réfugient ceux qui les entourent ; non pas pour leur donner la vie éternelle, mais pour leur montrer le chemin qui y conduit, à la gloire de Dieu. A lui soit gloire au siècle des siècles ! Réjouissons-nous en lui, et disons-nous bien que, par la puissance de la foi et de l'amour, il n'y a point de douleur qui ne puisse être paisiblement, heureusement supportée, et rapportée à la gloire de Dieu et au bien des hommes, et tellement à notre consolation éternelle, que nous considérerons dans le ciel comme un grand privilège d'avoir beaucoup souffert sous la croix de Jésus ! Amen.

X
Le péché.

(16 décembre 1855)

———◦◦◦———

Mes chers amis, cette communion nous met devant les yeux les souvenirs de la joie la plus profonde qui fut jamais : mais n'oublions pas que comme Jésus-Christ a marché vers la gloire et vers la résurrection par la croix, cette joie ne se peut sentir que de ceux qui ont commencé par sentir l'amertume du péché, et que cette joie est en proportion de la vivacité avec laquelle nous aurons senti l'amertume du péché. O mes amis, qu'est-ce que le péché ? Qui est-ce qui comprend parmi nous ce qu'il a de criminel, ce qu'il a d'amer, ce qu'il entraîne naturellement de jugements épouvantables, et la nécessité absolue d'en être complètement lavé et affranchi pour goûter un moment de repos ? Il me semble qu'il appartient à ceux qui vivent plus spécialement plongés dans la souffrance, et qui sont appelés à méditer constamment sur ce mystère d'un Dieu plein d'amour qui envoie à ses enfants souffrance sur souffrance, il me semble qu'il leur appartient de méditer plus spécialement sur les profondeurs du péché.

Prenez un homme tel qu'a été un François Gonthier de Nyon. Je n'ai jamais connu, quant à moi, d'homme qui, autant que l'homme en peut juger, fût plus avancé dans la vraie et solide piété chrétienne, celle qui unit la pureté de la foi avec l'esprit d'humilité et de charité. Eh bien, cet homme qui semblait devoir être comblé de toutes les consolations de Dieu, a été comblé de toutes ses dispensations les plus amères. Il a perdu successivement un fils unique, une femme tendrement aimée, une fille de douze ans qui seule lui rappelait ses trésors perdus. Resté seul, il a fallu que la main de Dieu fit cette solitude plus profonde encore, en lui ôtant d'abord une sœur bien-aimée, et puis une jeune nièce de vingt ans sur laquelle toutes ses affections s'étaient concentrées ; et je ne nomme pas tout ce qu'il a perdu. Ajoutez à cela une santé si profondément altérée qu'il me disait un jour : « Savez-vous comment je fais mes livres ? comme on fait sortir le suc d'une écorce d'orange, en la pressant pour l'en faire tomber à la longue, goutte après goutte. » Il était livré à une faiblesse excessive et à des douleurs presque continuelles ; ces douleurs sont allées croissant avec cette faiblesse, et tous ces maux n'ont fait qu'augmenter jusqu'à la fin de sa vie. Quand je pense à une existence comme celle-là, je me dis : Qu'est-ce que le péché ? Je sais bien qu'on peut me dire qu'un homme comme Gonthier est frappé, — et c'est assurément sa plus grande consolation, parce que c'est sa plus grande ressemblance avec Jésus-Christ, — afin que ses afflictions instruisent l'Église par la patience et la débonnaireté avec laquelle il les supporte. Mais pourtant Dieu n'aurait pas envoyé à un Gonthier toutes ces souffrances uniquement dans l'intérêt des autres : il ne faut pas confondre la créature avec le Créateur ; Dieu ferait alors de l'homme un sauveur. Quand il s'agit de Jésus-Christ, il le frappe pour les péchés de l'homme ; mais quand il s'agit de quelqu'un d'entre nous, il ne le frappe jamais d'une mesure de souffrance que ses péchés personnels n'aient pas méritée. C'est que le péché a mérité bien au delà de ce que nous souffrons et de ce que nous pouvons concevoir de souffrances. C'est ce que nous enseignent les Écritures, et en particulier les Psaumes, à chaque page. David ne peut pas traiter le sujet de ses douleurs, sans qu'il glisse, comme sans s'en apercevoir, sur celui de ses péchés. Vous pouvez le voir particulièrement en relisant le psaume 38, où tour à tour il mêle tellement ses douleurs avec ses péchés qu'on sait à peine comment les distinguer. Qu'est-ce donc que le péché ? Quelle horreur offre-t-il aux yeux de Dieu ? Quel est le supplice qu'il rend nécessaire ? Quelle est la rançon qui le peut expier ?

Considérez ensuite le péché dans un chrétien ordinaire, qui ne s'est jamais élevé à la haute puissance de vie chrétienne d'un Gonthier, qui traverse tant bien que mal la vie sans déshonorer sa profession, mais qui n'a pas senti l'amertume du péché ; qui a des afflictions parce qu'on en a toujours, mais qui n'a pas su convertir ses afflictions en croix et unir ses souffrances à celles de son Sauveur : et voyez tout ce qu'il y a dans le cœur d'un tel chrétien, qui peut pourtant être un homme sincère, de péché latent, de pourriture cachée, d'infection secrète, qui, si ce cœur venait tout à coup à s'ouvrir devant nous, nous causerait une effroyable horreur, à condition que nous eussions la capacité de sentir l'horreur du péché, c'est-à-dire la capacité de connaître toute la sainteté de la loi de Dieu et tout ce que requiert la sainteté de cette loi redoutable. Et puis considérez le péché dans les gens du monde, qui sont plongés dans le péché, qui n'ont fait depuis qu'ils sont au monde que le boire comme l'eau, que le respirer comme l'air, qui sont tout composés intérieurement de péché, qui sont enveloppés spirituellement d'une croûte de péché que jamais un rayon de lumière vivifiante, salutaire, sanctifiante, n'a traversée ! Quel gouffre, quel tombeau, quel spectacle devant les yeux de Dieu, que des hommes, des milliers, des millions d'hommes qui sont répandus dans le monde entier, en qui ne se trouve pas autre chose que ce péché effroyable, dont ils n'ont tout au plus qu'un sentiment vague qui vient de temps en temps les solliciter de la part de Dieu à se convertir, mais qui demeurent plongés dans cet état épouvantable et abominable devant Dieu. Le péché dans les meilleurs chrétiens, le péché dans les chrétiens ordinaires, le péché dans l'Église, le péché dans le monde, ô mes amis, quelle misère ! Qu'est-ce que le péché !

C'est ce que Jésus-Christ a vu quand il est descendu du ciel pour nous sauver. Nous ne le savions pas, mais il le savait ; nous ne le sentions pas, mais il le sentait pour nous ; et c'est ce qui lui a donné des forces pour supporter l'angoisse de la croix, avec les douleurs de Gethsémané, avec les combats du désert, et avec toutes les humiliations qui l'avaient précédée, et dont sa vie entière est comme formée. Et maintenant il faut que les souffrances qu'il a endurées pour nous, deviennent pour nous la mesure de ce qu'est pour lui la vue du péché et de la profondeur de l'abîme dont il nous a tirés. Personne de nous n'a aucune idée, non, mes amis, personne de nous n'a aucune idée de ce qu'est le péché ! Personne de nous ne connaît le péché, parce que personne de nous ne connaît pleinement le Sauveur, ni ses souffrances, ni son amour. O mes amis, en présence de ce sang versé et de cette chair rompue, apprenons ce qu'est le péché, et quel est le péril de nos âmes, pour nous réfugier auprès de Jésus et ne chercher qu'en lui ce que lui seul peut nous donner. Mettons bien dans nos cœurs que nous ne l'apprendrons jamais que de la sainte Écriture. Jamais nos méditations personnelles ne nous révéleront ce qu'est le péché ; et c'est un point où je sens particulièrement la nécessité et la réalité de l'inspiration et de l'autorité divine des Écritures, parce que nous n'aurions jamais appris à connaître le péché autrement que par l'obéissance, et sans une autorité extérieure, supérieure à nous, indépendante de nos sentiments intérieurs, sur laquelle sans doute nous devons travailler par la recherche, la méditation et de ferventes prières, — mais la vérité lumineuse vient d'en haut, donnée tout spécialement par l'Esprit de Dieu et parlant avec l'autorité de Dieu lui-même ; car il faut que nous commencions par recevoir cette horreur du péché dans un temps où nous ne sommes pas encore capables de la sentir.

Eh bien, mes amis, jetons-nous donc entre les bras du Sauveur. Les souffrances et les douleurs de la terre nous retiendront-elles ? et avons-nous donc le temps de nous en occuper, quand il s'agit de sauver nos âmes ! Allons à Jésus dans un sentiment d'humiliation profonde, mais avec une confiance sans réserve en celui qui a tout accompli et tout souffert pour nous. O douceur infinie de nous reposer pleinement au pied de sa croix ! Je commence à comprendre l'étendue de ma misère ; mais j'embrasse la croix de mon Sauveur, je ne veux qu'elle et sa seule grâce, sa seule justice ; nul mélange de mes œuvres. Mes œuvres ! elles ne pourraient que me condamner ; mais racheté par lui, lavé dans son sang qui a fait l'expiation de mes péchés, je saisis sa croix, et je m'appuie uniquement sur le sacrifice de mon Sauveur.

Et puis, parlons donc du Sauveur à ceux qui ne le connaissent pas. Avec un pareil mal, qui, à la différence de tous les maux de la terre, est le seul mal qui est véritablement mal et qui est le principe de tous les autres ; et avec un pareil remède dans les mains, qui, à la différence de tous les remèdes de la terre, est seul assuré et infaillible, pourrons-nous traverser la vie, la société, nos familles, nos voisins, nos amis, sans leur parler du péché et de Jésus-Christ, qui est leur Sauveur et le nôtre ? Saisissons la croix, proclamons la croix, mourons en l'embrassant, mourons en la proclamant, et notre mort sera le commencement de la vie ; et Dieu sera glorifié dans notre corps, soit par la vie, soit par la mort, et avant tout par le sang et par la rédemption de l'Agneau de Dieu. Voilà ce que je demande à Dieu pour chacun de vous, comme je le fais pour moi-même, dans l'amour de Christ que je le supplie de nous augmenter. Amen.

XI

La croix nous révélant l'amour de Dieu.

(23 décembre 1855)

———◦∞◦———

Lecture du Psaume 88

Éternel, Dieu de ma délivrance, je crie jour et nuit devant toi. Que ma prière vienne en ta présence; ouvre ton oreille à mon cri. Car mon âme est rassasiée de maux, et ma vie est venue jusqu'au sépulcre. On m'a mis au rang de ceux qui descendent en la fosse; je suis devenu comme un homme qui n'a plus de vigueur, placé parmi les morts, comme les blessés à mort couchés au sépulcre, desquels il ne te souvient plus, et qui sont retranchés par ta main. Tu m'as mis en une fosse des plus basses, dans des lieux ténébreux, dans des lieux profonds. Ta fureur s'est jetée sur moi, et tu m'as accablé de tous tes flots. Tu as éloigné de moi ceux de qui j'étais connu, tu m'as mis en une extrême abomination devant eux; je suis enfermé tellement que je ne puis sortir. Mon œil languit d'affliction; Éternel! je crie à toi tout le jour, j'étends mes mains vers toi. Feras-tu un miracle envers les morts? ou les trépassés se relèveront-ils pour te célébrer? Racontera-t-on ta miséricorde dans le sépulcre, et ta fidélité dans le tombeau? Connaîtra-t-on tes merveilles dans les ténèbres, et ta justice au pays d'oubli?

> Mais moi, ô Éternel ! je crie à toi ; ma prière te prévient dès le matin. Éternel ! pourquoi rejettes-tu mon âme, pourquoi caches-tu ta face de moi ? Je suis affligé et comme rendant l'esprit dès ma jeunesse ; j'ai été exposé à tes terreurs, et je ne sais où j'en suis. Les ardeurs de ta colère sont passées sur moi, et tes frayeurs m'ont retranché. Ils m'ont tout le jour environné comme des eaux, ils m'ont entouré tous ensemble. Tu as éloigné de moi mon ami, même mon intime ami, et ceux de qui je suis connu me sont des ténèbres !

Mes bons amis, qui me donnez une marque si touchante de votre affection et de votre sympathie fraternelle en venant partager avec moi ce repas du Seigneur, qui de semaine en semaine nourrit et fortifie mon esprit et mon corps, — il y a dans le psaume qui nous a été lu à l'ouverture de ce service, le 88, un trait unique entre tous les psaumes : c'est le seul qui soit tout entier dans la douleur, et qui ne finisse pas avec une parole, un trait de consolation. Il est tout noir, tout sombre, et il faut y regarder de près pour y découvrir un germe d'espérance dans un nom donné à Dieu, dans un des premiers versets : « Dieu de notre délivrance. » Pourquoi cet étonnant mystère ? J'y trouve deux explications. La première, c'est que Dieu a voulu nous faire voir que quoique dans les habitudes de sa miséricorde nous ne crions jamais à lui sans être délivrés, et qu'il ne faille souvent que la distance de quelques versets de psaume pour franchir l'intervalle qui sépare la plus affreuse angoisse d'avec la consolation la plus abondante, comme par exemple dans le psaume 13, il peut entrer quelquefois dans les vues du Seigneur de nous laisser crier un certain temps sans réponse, sans consolation, sans qu'un pauvre petit rayon détaché vienne éclairer notre détresse. C'est alors qu'il faut se nourrir de la foi seule, et avec Jérémie, avec David, et avec tous les saints éprouvés de la sorte, l'attendre, lui demander pourquoi il se cache, et malgré le nuage qui nous le dérobe, ne jamais douter de lui. Il y a sur cent cinquante psaumes, *un* psaume qui nous donne cette leçon, comme s'il en coûtait à l'amour du Seigneur de nous donner cet avertissement. — Mais il y a une seconde explication à ce psaume, qui se rattache au reste à la première. Vous savez que les psaumes sont pleins du Messie ; c'est le Christ qui parle, qui peint ses douleurs, et nous trouvons dans le psaume 88 le même Sauveur que dans cette parole du psaume 22 : « Eli, Eli, lamma sabachthani, — mon Dieu, mon Dieu, pourquoi m'as-tu abandonné ? » suivie tout aussitôt de cette autre parole : « Cependant tu es le Saint… qui exauces l'affligé qui crie à toi. » Ainsi ce psaume nous fait voir qu'il y a dans le Sauveur un excès de détresse qui surpasse tout ce que les hommes, et même ses serviteurs les plus éprouvés, peuvent je ne dis pas seulement ressentir, mais concevoir. Et pourquoi cela ? C'est que Dieu est amour. Réponse étrange, mais vraie. Dieu est amour : mais nous, mes chers amis, quelque comblés que nous soyons des dons de Dieu, temporels et spirituels et de toute nature, avec sa Parole, avec ses promesses et avec tout le reste, il manque à l'amour de Dieu, si on peut parler ainsi, quelque chose, pour qu'il trouve le chemin de nos cœurs ; c'est la douleur. Nous savons que Dieu ne souffre pas, qu'il est incapable de souffrir, qu'il est élevé au-dessus de la douleur, comme au-dessus de la tentation et de toutes les angoisses de la terre ; et pour nous faire comprendre l'amour de Dieu dans sa plénitude et sa réalité, il a fallu que ce fût Dieu lui-même qui se présentât à nous de telle sorte qu'il pût nous prouver son amour par des douleurs, puisque l'homme n'aurait jamais pu être persuadé, ou plutôt gagné, autrement.

Jésus-Christ donc, Fils de Dieu et Dieu lui-même, est devenu Fils de l'homme pour pouvoir souffrir, et nous montrer ainsi l'amour de Dieu sous des traits capables de briser les cœurs les plus durs, pour peu qu'ils soient attentifs. Jésus est venu sur la terre pour souffrir. Qu'il a bien rempli cette tâche ! Il a commencé par revêtir une chair semblable à notre chair de péché ; et qui de nous peut concevoir ce qu'il y avait d'abaissement, de renoncement et de sacrifice pour le Seigneur de gloire, pour le Prince de la vie, à descendre dans la misère de notre pauvre nature, et à en accepter toutes les humiliations, jusqu'à celles du tombeau ? « Étant en forme de Dieu, il n'a point fait étalage de son égalité avec Dieu ; mais il s'est dépouillé lui-même, s'étant rendu semblable à un homme ; et ayant pris la forme d'un serviteur, il s'est abaissé jusqu'à la mort, et jusqu'à la mort de la croix. » Et remarquez que ce qui distingue les douleurs et les sacrifices de Jésus-Christ d'avec les nôtres, c'est qu'il les a volontairement choisis, appelés. Rien ne l'y obligeait : il les a choisis, appelés, l'un après l'autre, pour accomplir la volonté du Père, mais pour l'accomplir librement. Et pourquoi ? Pour nous, parce qu'il ne pouvait pas supporter la pensée de la misère éternelle à laquelle le péché nous avait livrés. Quel amour, mon Dieu, quel amour ! — Je passe rapidement sur toute sa carrière de douleurs et d'humiliations, et je viens à son Gethsémané. Vous entrez au milieu de la nuit dans un jardin d'olives, et vous voyez un homme étendu la face contre terre ; il pleure, il crie, vous le prenez peut-être pour un insensé : c'est votre Sauveur ! Mesurez à sa posture même, à sa prière, aux tendres reproches qu'il adresse à ses disciples, l'immensité de sa souffrance, d'une souffrance que nous ne sommes pas plus capables de ressentir et de concevoir que Dieu et l'infini ; parce qu'il n'y a pas seulement la souffrance physique et extérieure, il y a une souffrance spirituelle dont nous ne pouvons nous faire aucune idée. Non seulement des saints, mais des hommes même qui ne connaissaient pas le Seigneur, ont souffert patiemment les plus atroces douleurs ; mais en Jésus, avec ses douleurs infinies, il y avait une douleur secrète et intérieure que nous ne pouvons pénétrer, celle de porter seul devant le Dieu saint, lui innocent pour nous coupables, le poids de nos péchés ; de se trouver par eux comme séparé un moment (quoique j'ose à peine toucher ce mystère), comme séparé un moment de l'amour du Père, si l'on peut ainsi parler, quoiqu'il soit un avec lui, et contraint de s'écrier : « Mon Dieu, mon Dieu, pourquoi m'as-tu abandonné ? » Pourquoi souffre-t-il ainsi ? Pécheur, pour toi, pour toi ; et il t'a tant aimé que quand il n'y aurait eu que toi à sauver sur la terre, il serait entré pour toi dans son Gethsémané. Quel amour, mon Dieu, quel amour ! — Enfin, voyez-le sur la croix. Je ne m'étends pas sur ce sujet ; quand j'en aurais la force, comment décrire un pareil mystère ? Je me place avec vous au pied de la croix, et je contemple les souffrances de mon Sauveur. Et je vous fais observer ceci : c'est que dans le moment où il est livré à cette affreuse angoisse, à cette agonie qu'aucun homme n'a pu connaître, ni concevoir, ni presque entrevoir, il domine cette douleur pour glorifier Dieu et pour sauver les hommes jusqu'à la fin ; et c'est du sein de cette agonie qu'on entend sortir des paroles telles que celles-ci : « Père, pardonne-leur, car ils ne savent ce qu'ils font ; » et encore : « Femme, voilà ton fils… Disciple, voilà ta mère. » Quel amour, mon Dieu, quel amour !

Dimanche dernier, nous contemplions au pied de la croix la vue qu'elle nous donne de l'horreur, de l'énormité et des terreurs du péché. Qu'il est doux de contempler aujourd'hui, dans les souffrances de notre Sauveur, la vue qu'elles nous donnent de la grandeur et de la profondeur incompréhensible de la miséricorde de Dieu. Oh ! mes amis, ayons toujours cet amour devant les yeux, et tout nous sera expliqué, jusqu'aux souffrances les plus cruelles, puisqu'elles ne sont que les suites dans les siens de ce qu'il a souffert. En même temps tout nous sera doux et facile. La foi rend tout possible, l'amour rend tout facile : « Ses commandements ne sont point pénibles. » Pleins de cette image de l'amour du Sauveur, et de l'amour de Dieu révélé dans le Sauveur, lisant dans le cœur paternel l'amour de Dieu pour nous, nous nous abandonnerons au Seigneur pour faire et pour souffrir tout ce qu'il jugera bon de nous envoyer.

Demandez à Dieu la grâce de vous pénétrer de cette pensée : « Dieu est amour ; » et pour nous en pénétrer, tenons-nous au pied de la croix de notre Sauveur, et ne la perdons jamais de vue, jusqu'à ce que, après nous avoir fait un peu souffrir, vu que cela est nécessaire, il nous prendra par la main, nous fera franchir l'intervalle du vendredi au dimanche matin, nous ressuscitera avec lui, et nous établira avec lui dans le séjour de la gloire où il nous attend, et où nous le bénirons d'autant plus que nous aurons plus souffert, et surtout que nous aurons souffert pour son nom ! Amen.

XII
Les choses invisibles.

(30 décembre 1855)

―∞―

Lecture de Apocalypse ch. 22

Puis il me montra un fleuve pur d'eau vive, transparent comme du cristal, qui sortait du trône de Dieu et de l'Agneau. Et au milieu de la place de la cité, et des deux côtés du fleuve, était l'arbre de vie, portant douze fruits, et rendant son fruit chaque mois ; et les feuilles de l'arbre sont pour la santé des Gentils. Et toute chose maudite ne sera plus : mais le trône de Dieu et de l'Agneau sera en elle, et ses serviteurs le serviront ; et ils verront sa face, et son nom sera sur leurs fronts. Et il n'y aura plus là de nuit, et il ne sera plus besoin de la lumière de la lampe ni du soleil ; car le Seigneur Dieu les éclaire, et ils régneront aux siècles des siècles. Puis il me dit : Ces paroles sont certaines et véritables, et le Seigneur, le Dieu des saints prophètes, a envoyé son ange, pour manifester à ses serviteurs les choses qui doivent arriver bientôt. Voici, je viens bientôt ; bienheureux est celui qui garde les paroles de la prophétie de ce livre. Et moi, Jean, je suis celui qui a ouï et vu ces choses ; et après les avoir ouïes et vues, je me jetai à terre pour me prosterner aux pieds de l'ange qui me montrait ces choses. Mais il me dit : Garde-toi de le faire, car je suis ton compagnon de service, et le compagnon de tes frères les prophètes, et de ceux qui gardent les paroles de ce livre ; adore Dieu.

> Il me dit aussi : Ne cachette point les paroles de la prophétie de ce livre, parce que le temps est proche. Que celui qui est injuste, soit injuste encore ; et que celui qui est souillé, se souille encore ; et que celui qui est juste, soit plus juste encore ; et que celui qui est saint, soit sanctifié encore. Or voici, je viens bientôt ; et ma récompense est avec moi, pour rendre à chacun selon son œuvre. Je suis l'Alpha et l'Oméga, le premier et le dernier, le commencement et la fin. Bienheureux sont ceux qui font ses commandements, afin qu'ils aient droit à l'arbre de vie, et qu'ils entrent par les portes dans la cité. Mais les chiens, et les empoisonneurs, les fornicateurs, les meurtriers, les idolâtres, et quiconque aime et commet la fausseté, seront laissés dehors. Moi, Jésus, j'ai envoyé mon ange pour vous témoigner ces choses dans les Églises. Je suis la racine et la postérité de David, l'étoile brillante du matin. Et l'Esprit et l'épouse disent : Viens. Que celui aussi qui l'entend, dise : Viens ; et que celui qui a soif, vienne et quiconque veut de l'eau vive en prenne sans qu'elle lui coûte rien. Or, je proteste à chacun qui entend les paroles de la prophétie de ce livre, que si quelqu'un ajoute à ces choses Dieu fera tomber sur lui les plaies écrites dans ce livre ; et si quelqu'un retranche quelque chose des paroles du livre de cette prophétie, Dieu lui enlèvera la part qu'il a dans le livre de vie, dans la sainte cité, et dans les choses qui sont écrites dans ce livre. Celui qui rend témoignage de ces choses, dit : Certainement, je viens bientôt ! Amen. Oui, Seigneur Jésus, viens ! Que la grâce de notre Seigneur Jésus-Christ soit avec vous tous ! Amen.

Le chapitre qui vient de nous être lu suffirait à lui seul pour remplir en tout temps nos cœurs de force et de joie, si nous pouvions le recevoir avec une entière simplicité de foi. Si un homme pressé par la pauvreté était assuré que demain il fera une fortune ; si un homme pressé par la souffrance était assuré que demain il entrera dans une vie de bien-être ; — ne seraient-ils pas soutenus pour attendre quelques heures et ne devanceraient-ils pas par cette espérance le petit nombre d'heures qui les sépare du moment où ils seront heureux ? Et nous, mes amis, si nous avions la foi simple et ferme, et une vue claire de cette félicité éternelle qui nous est décrite en termes à la fois si beaux et si touchants dans le dernier chapitre de l'Apocalypse, ne dirions-nous pas aussi : « Seigneur Jésus, viens ! » et ne le dirions-nous pas avec une pleine paix ? Que nous faut-il de plus que ce que Dieu nous a donné ? Rien que ce que Dieu peut nous donner encore : la foi simple aux choses invisibles. Nous vivons dans le temps, il ne s'agit que de vivre dans l'éternité. Nous sommes constamment entraînés vers les choses visibles, il ne s'agit que d'entrer dans la communion des choses invisibles. Je dis, il ne s'agit que de cela : mais c'est une grande chose, c'est un immense changement. Car ce qui constitue le péché, ce ne sont pas seulement ces formes grossières de la désobéissance à la loi divine qui règnent dans le monde ; ce qui constitue le péché d'une manière plus subtile et plus profonde à sa source même, c'est l'incrédulité, l'entraînement des choses visibles ; car Dieu étant invisible, et le centre et l'âme des choses invisibles, nous n'avons tant de peine à nous nourrir des choses invisibles que parce que nous sommes naturellement éloignés de Dieu. C'est le caractère de la Parole de Dieu qu'elle vit et se meut au sein des choses invisibles ; et cela seul, pour un homme qui pense, suffirait à en prouver l'inspiration. Il n'est pas donné à l'homme, esclave par sa nature déchue des choses visibles, de s'élever au-dessus d'elles, c'est-à-dire de sortir en dehors de lui-même pour s'élever jusqu'aux choses invisibles, et pour parler du sein des choses invisibles, comme le fait la Parole de Dieu ; comme le fait non seulement Jésus-Christ, Fils de l'homme, qui étant dans le ciel, parle du ciel, mais comme le font encore ces organes chargés de nous transmettre la Parole de Dieu, qui étant remplie de Jésus-Christ, parle du ciel quoiqu'elle soit sur la terre, par ce prodige de la grâce de Dieu que nous appelons l'inspiration, et qui fait l'autorité de cette Parole. Livre pur, livre saint, livre de Dieu, livre qui est élevé, lui, au-dessus de nous et du monde, qui nous parle d'un autre monde, et nous en parle du sein d'un autre monde ! — Comment serons-nous mis en rapport avec les choses invisibles ? Nous sentons tous sur ce point notre besoin et notre infirmité : mais sentons-nous quelle serait notre puissance, quelle serait notre félicité, notre paix, notre joie, si nous pouvions, comme la Parole de Dieu, comme Jésus-Christ, vivre et nous mouvoir au sein des choses invisibles ; si nous pouvions, par la puissance de la foi, être transportés d'avance en Dieu et dans les choses de Dieu et voir les choses ainsi que Dieu les voit lui-même, les mesurer à sa mesure, les apprécier à son appréciation et les juger comme il les juge ? « Si nous nous jugions nous-mêmes, nous ne serions point jugés, » nous a-t-on dit tout à l'heure de sa part.

D'après ce que nous venons de voir, le premier moyen de nous mettre en rapport avec les choses invisibles, c'est de vivre avec les saintes Écritures, qui sont la Parole et le témoignage de Dieu. Par *vivre* avec elles, je n'entends pas seulement les lire tous les jours et recevoir leur témoignage ; j'entends nous en nourrir, y chercher le pain de vie qui est descendu du ciel, y chercher le Seigneur Jésus-Christ lui-même, ce pain vivifiant qui donne la vie au monde, et dont la chair a été déchirée pour vous, pour moi, pour nous tous ; et le recevoir par la foi, en particulier par le sacrement de la sainte Cène, qui nous remet l'objet de la foi si vivement devant les yeux. Il faut nous nourrir de la Parole de Dieu, mes chers amis ; il faut vivre constamment avec elle, jour et nuit. Qu'elle soit pour nous ce qu'elle était, pour ne citer qu'un exemple, pour l'auteur du Psaume 119, de ce Psaume qui a 176 versets, et où il n'y en a pas plus de deux ou trois où la Parole de Dieu ne soit pas nommée par un de ces innombrables noms que le Psalmiste lui donne. Ah ! vivons avec la Parole de Dieu ! soyons entourés constamment de l'atmosphère des Écritures, car c'est l'atmosphère du ciel et de Dieu lui-même !

Pour nous mettre en rapport avec les choses invisibles, prions sans cesse. Oui, prier : mais comment prier ? O mon Dieu ! prier comme te voyant, comme te parlant, t'écoutant, te répondant, comme sentant ta présence et savourant ta Parole. Oh ! qui nous enseignera à prier, si ce n'est toi, Dieu de la prière ? Mon Dieu, pardonne la manière dont ton Église, qui seule dans le monde sait prier, prie ; pardonne la manière dont nous prions nous-mêmes, cette langueur, cette incertitude, cette incrédulité, même dans les jours les moins infidèles, les moins incroyants de notre vie chrétienne, de notre ministère chrétien ! Mon Dieu, pardonne le péché de nos saintes offrandes ! Ah ! si nous pouvions, dans ce moment même, franchir par la prière l'intervalle qui nous sépare de toi ; si nous pouvions prier comme Jésus-Christ a prié, comme a prié un Moïse, un Samuel, un David, un saint Paul, un saint Jean ! Si nous pouvions prier, ce qui s'appelle prier, — ce qui s'appelle prier ! — selon cette expression de saint Jacques, parlant d'Élie : « Il pria en priant. » Hélas ! la plupart du temps nous prions sans prier. Nous n'avons pas d'idée de la faiblesse et de l'incrédulité qui se mêlent à nos prières, faute de vivre avec les choses invisibles ; et nous n'avons pas d'idée des bénédictions et des grâces dont nous nous privons. O mes amis, répétons constamment cette prière : « Seigneur, enseigne-nous à prier ! » Quand nous saurons prier, nous saurons tout, et ce qui vaut mieux encore, nous aurons tout. Nous connaîtrons Jésus-Christ, et nous ferons mieux que de le connaître, nous le posséderons. Au reste, on ne le connaît qu'en le possédant. C'est en le possédant qu'on le connaît, et en le connaissant qu'on l'aime, et qu'avec lui on triomphe par la foi des choses visibles, et qu'on écrase Satan sous les pieds. Que le Dieu de paix écrase lui-même Satan sous nos pieds !

Mes amis, les choses invisibles, les choses du dernier chapitre de l'Apocalypse !... Bientôt nous allons comparaître devant Dieu. Ce n'est pas vrai seulement de ceux qui s'attendent d'un jour à l'autre à être appelés, qui sont plus spécialement avertis par le Seigneur de se tenir prêts, et qui se réjouissent, — oh ! qui aspirent ardemment au moment où Jésus leur dira : Viens ! — mais cela est également vrai pour tous, puisque pas un de nous n'est assuré qu'il vivra jusqu'à ce soir. C'est maintenant, c'est pendant que vous avez le libre usage de toutes vos facultés, qu'il faut vous mettre en rapport avec les choses invisibles, par la Parole de Dieu et par la prière. Ce sont des choses bien vieilles que je vous dis là : mais, hélas ! bien nouvelles par notre incrédulité et nos langueurs !… Cherchez les choses invisibles. Cherchez Dieu lui-même assis au milieu de ce monde invisible, par Jésus-Christ qui nous l'a ouvert par le voile, c'est-à-dire par son corps déchiré, et dont l'amour et les douleurs sont la mesure de cette joie qu'il nous a préparée ! « S'il tarde, attends-le, car il viendra et il ne tardera point. »

XIII

L'homme de douleurs et les hommes de douleurs.

(6 janvier 1856)

Le chrétien dans l'affliction est directement appelé de Dieu à méditer sur la place que l'affliction occupe dans les plans de la rédemption divine, dans le développement du règne de Dieu sur la terre, et dans la révélation des saintes Écritures. C'est alors qu'il comprend cette parole simple et profonde tout à la fois : « Ne vous étonnez point, comme s'il vous arrivait quelque chose d'extraordinaire. » Ce qui serait extraordinaire, c'est que nous puissions être mûris pour la vie éternelle, et plus particulièrement qu'un serviteur de Dieu pût se voir béni dans son œuvre, je ne dis pas seulement sans afflictions, mais sans une grande mesure d'afflictions : « C'est par beaucoup d'afflictions qu'il nous faut entrer dans le royaume de Dieu. » Cette doctrine nous est d'abord clairement révélée en celui même dont nous célébrons en ce moment le sacrifice, puisque nous ne devons qu'à ces douleurs et à ce sacrifice de posséder la vie éternelle. Le Sauveur a été un « homme de douleurs, sachant ce que c'est que la langueur ; » non pas seulement un homme de douleurs, mais *l'homme* de douleurs, en qui toutes les douleurs se trouvent réunies, et qui a souffert ce que jamais homme ne pourra ni souffrir, ni même concevoir. Mais tel maître, tels disciples ; et les disciples de notre Seigneur Jésus-Christ ont été, — je parle plus spécialement de ses organes inspirés dans lesquels le Seigneur s'est plus particulièrement manifesté et comme reproduit ; — ils ont été, dis-je, une série d'hommes de douleurs, depuis Abel jusqu'à saint Paul et saint Jean. Cela ne frappe pas suffisamment à une étude superficielle de l'Écriture ; mais lorsqu'on pénètre quelque peu dans l'étude de la Parole de Dieu, on en est de plus en plus frappé. Les apôtres, les prophètes, nous sont présentés partout dans l'Écriture comme des hommes de douleurs, et de douleurs plus grandes que nous ne savons et que nous ne voyons, car l'Écriture nous laisse plus entrevoir qu'elle ne nous montre. Pour nous montrer ce qu'ont souffert ces hommes de Dieu, il aurait fallu qu'elle nous racontât en détail l'histoire de leur vie.

Les apôtres : il y en a un seul d'entre eux dont la vie nous est rapportée avec quelque développement, mais c'est un homme dont Dieu a défini le ministère par ses douleurs, puisqu'il a dit en l'appelant : « Je lui montrerai combien il aura à souffrir pour mon nom. » Si nous suivons saint Paul dans le cours de sa vie, nous trouvons qu'elle n'est depuis le commencement jusqu'à la fin qu'une vie de douleurs extérieures et intérieures. Écoutez ce qu'il en dit lui-même dans les derniers versets du chapitre 11 de la seconde épître aux Corinthiens. « Sont-ils ministres de Christ ? (je parle comme un imprudent) je le suis bien plus qu'eux ; en travaux davantage, en blessures plus qu'eux, en prison davantage, en danger de mort plusieurs fois. J'ai reçu des Juifs cinq fois quarante coups moins un. J'ai été battu de verges trois fois ; j'ai été lapidé une fois ; j'ai fait naufrage trois fois, j'ai passé un jour et une nuit dans la profonde mer. En voyages souvent, en péril des fleuves, en péril des brigands, en péril de ma nation, en péril des Gentils, en péril dans les villes, en péril dans les déserts, en péril en mer, en péril parmi de faux frères, en peine et en travail, en veilles souvent, en faim et en soif, en jeûnes souvent, dans le froid et dans la nudité. Outre les choses de dehors, ce qui me tient assiégé tous les jours, c'est le souci que j'ai de toutes les Églises. Qui est-ce qui est affaibli, que je ne sois aussi affaibli ? qui est-ce qui est scandalisé, que je ne sois aussi comme brûlé ? » Pesez chaque détail en particulier. Quel tableau ! Quelle vie extérieure et intérieure ! Voyez la mesure de sa charité dans la mesure de ses douleurs.

Les prophètes : « Prenez pour un exemple de patience, dit saint Jacques, les prophètes qui ont parlé au nom du Seigneur ; » et si nous étudions avec quelque attention la vie des prophètes, surtout de ceux dont nous connaissons un peu moins imparfaitement l'histoire, nous trouverons cette déclaration exactement réalisée ; pour Jérémie par exemple, l'un des prophètes dont nous connaissons quelques traits. Mais de tous les prophètes, celui qui nous est le plus connu, c'est David, dont l'histoire nous est rapportée avec le plus de développement. Avez-vous jamais réfléchi aux douleurs dont la vie de David a été remplie ? Si vous prenez sa vie telle qu'elle nous est rapportée dans le premier et le second livre de Samuel, et aussi dans les Rois et dans les Chroniques, vous n'en connaîtrez rien. Vous voyez dans David un homme qui dans les commencements de sa vie a été poursuivi par Saül ; il a eu beaucoup d'ennemis, mais après tout il a triomphé de Saül et il a hérité d'une grande gloire. Cet homme, ensuite, vous le voyez profondément affligé et abattu au sein de sa famille, par une juste suite de ses péchés ; mais vous le voyez aussi consolé et soutenu abondamment de Dieu, qui, jusque dans ses châtiments les plus redoutables, se souvient encore de ses promesses envers David et de sa miséricorde pour lui. C'est une vie dans laquelle nous trouvons beaucoup d'épreuves et d'agitations ; mais enfin, cela ne nous donne pas l'idée des douleurs de David. Il faut lire les Psaumes pour connaître les douleurs de David. Les Psaumes nous révèlent l'homme intérieur de David, et dans l'homme intérieur de David, ils nous révèlent en quelque sorte l'homme intérieur de tous les prophètes de Dieu : eh bien, les Psaumes sont tout remplis d'expressions d'une douleur inouïe. David y parle sans cesse de ses maux, de ses maladies, de ses ennemis sans nombre ; on a peine à comprendre en les lisant ce qu'il entend par ces ennemis dont il parle sans cesse ; mais ils nous révèlent du moins un intérieur d'affliction dont avec la seule histoire de David dans les mains, nous ne nous serions jamais doutés. C'est une des grandes utilités des Psaumes. Lisez le Psaume 38, et pesez chaque trait de ce Psaume 38.

« Éternel, ne me reprends point en ta colère, et ne me châtie point en ta fureur. Car tes flèches sont entrées en moi, et ta main s'est appesantie sur moi. Il n'y a rien d'entier en ma chair, à cause de ton indignation, ni de repos dans mes os, à cause de mon péché. Car mes iniquités ont surmonté ma tête ; elles se sont appesanties comme un pesant fardeau, au delà de mes forces. Mes plaies sont pourries et coulent, à cause de ma folie. Je suis courbé et penché au dernier point ; je marche en deuil tout le jour. Car mes reins sont remplis d'inflammation, et dans ma chair il n'y a rien d'entier. Je suis affaibli et tout brisé, je rugis du grand frémissement de mon cœur. Seigneur, tout mon désir est devant toi, et mon gémissement ne t'est point caché. Mon cœur est agité çà et là, ma force m'a abandonné, et la clarté aussi de mes yeux ; même ils ne sont plus avec moi. Ceux qui m'aiment, et même mes intimes amis, se tiennent loin de ma plaie, et mes proches se tiennent loin de moi. Et ceux qui cherchent ma vie m'ont tendu des filets, et ceux qui cherchent ma perte parlent de calamités, et songent des tromperies tout le jour. Mais moi, je n'entends non plus qu'un sourd, et je suis comme un muet qui n'ouvre point la bouche ; je suis comme un homme qui n'entend point, et qui n'a point de réplique en sa bouche. Puisque je me suis attendu à toi, ô Éternel, tu me répondras, Seigneur, mon Dieu ! Car j'ai dit : Il faut prendre garde qu'ils ne triomphent de moi ; quand mon pied glisse, ils s'élèvent contre moi ; quand je suis prêt à clocher, et que ma douleur est continuellement devant moi ; quand je déclare mon iniquité, et que je suis en peine pour mon péché. Cependant, mes ennemis qui sont vivants se renforcent, et ceux qui me haïssent à tort se multiplient. Et ceux qui me rendent le mal pour le bien me sont contraires, parce que je recherche le bien. Éternel, ne m'abandonne point ; mon Dieu, ne t'éloigne point de moi. Hâte-toi de venir à mon secours, Seigneur, qui es ma délivrance. » Des ennemis innombrables qui le pressent, le sentiment de ses péchés qui l'accable, cette complication de maladies : il est frappé par les yeux, dont il perd la lumière ; ses reins sont enflammés ; son corps est courbé, tellement qu'il a peine à marcher ; ses plaies coulent et répandent une odeur fétide, — voilà David dans ce Psaume. Mais si vous lisez le Psaume 6, si vous lisez le Psaume 69, si vous lisez une quantité de Psaumes, vous le trouvez dans une affliction semblable. C'est véritablement un homme accablé de douleurs. Il ne faut pas dire que David ayant été un type de Jésus-Christ, ces douleurs ne s'appliquent qu'au Messie : sans doute, les douleurs de David ont été un type de celles de Jésus-Christ, mais elles n'ont pu être un type des douleurs du Messie, que parce qu'elles étaient des douleurs ; et c'est précisément parce que David était un homme de douleurs, qu'il a été un type de l'homme de douleurs.

Mais, mes chers amis, en resterons-nous là ? Après avoir reconnu que les apôtres et les prophètes ont été des hommes de douleurs, resterons-nous sur cette triste pensée de la douleur ? Ce ne sont pas seulement des hommes de douleurs, mais ce sont des hommes qui ont vaincu la douleur, et qui ont fait servir leurs douleurs à la gloire de Dieu. Jésus-Christ, à la tête des siens, triomphe de la douleur, et poursuit sa mission de charité jusque dans les angoisses les plus cruelles. En Gethsémané, nous l'entendons exhorter ses disciples, et conserver, quand il s'agit de remplir son message d'amour auprès d'eux, toute sa liberté d'esprit. Il en est de même sur la croix, où il ne manque pas une occasion de donner à ses disciples, au peuple, à Jean, à Marie, à tous, des leçons de vie éternelle, jusqu'à la fin de son affreuse agonie. C'est l'homme de douleurs triomphant de la douleur, pour accomplir, dans ses douleurs et par ses douleurs, sa mission. Il en est de même de ses disciples. Il en est de même de ses apôtres. Quel usage saint Paul fait-il de ses douleurs ? Il les rapporte toutes à la gloire de Dieu. Il n'est point accablé par ses douleurs, comme nous le sommes si facilement. Il en triomphe par la charité de Christ, et il les fait toutes servir à l'avancement du règne de Dieu avec une fidélité merveilleuse. Et David, sur qui je me suis arrêté plus spécialement, avez-vous remarqué comment il triomphe de ses douleurs pour faire son œuvre ? L'objet capital de la mission que David a reçue de Dieu, pour toutes les générations dans l'Église, c'est la composition des Psaumes. Eh bien, il compose ses Psaumes, ou une grande partie d'entre eux, au milieu des douleurs les plus cruelles. Figurez-vous qu'accablé par la souffrance physique, morale et spirituelle, vous soyez appelé à composer un psaume, et que du sein de toutes ces souffrances, et dans le moment même où elles sont telles qu'il les décrit dans le Psaume 38, sortent des hymnes à la gloire de Dieu et pour l'instruction de l'Église. Quel triomphe David remporte sur lui-même, et quelle humiliation pour nous, qui, dans notre faiblesse, sommes obligés le plus souvent d'attendre que nos douleurs soient passées, pour en pouvoir recueillir le fruit et le faire recueillir aux autres ! Mais David, dans ses douleurs, écrit ses Psaumes. Il écrit son Psaume 38 pendant qu'il souffre ces persécutions, ces tourments intérieurs, cette amertume du péché. Je sais qu'on pourrait dire que David a écrit son Psaume 38 à froid, en se transportant dans des douleurs où il n'est plus, comme le poète se transporte dans des douleurs où il n'a jamais été ; mais non, cette supposition vous répugne autant qu'à moi : c'est dans la fournaise, c'est du sein de la fournaise qu'il a écrit ces lignes qui doivent servir à l'encouragement de l'Église dans tous les temps. O puissance de la charité de Christ ! ô renoncement de la volonté propre ! ô grâce du véritable serviteur de Dieu ! ô vertu de l'apôtre et vertu du prophète, vertu de Christ en eux et du Saint-Esprit ! car jamais l'homme ne serait capable d'une telle puissance de volonté et d'un tel triomphe sur la chair !

Mes chers amis, je laisse à chacun de vous l'application. Elle se fait en deux questions : Sommes-nous des hommes de douleurs, et dans quelle mesure avons-nous part aux afflictions de Christ ? Quand nous avons part aux afflictions de Christ, savons-nous en triompher pour rapporter, par la puissance de l'amour, nos afflictions à la gloire de Dieu, au bien du prochain et de nos frères, en même temps qu'elles travaillent aussi d'autant plus à nous sanctifier, à nous nourrir et à ramasser pour nous le trésor d'une gloire excellente ?

XIV

Les regrets d'un mourant :

1. — Le secret d'une vie sainte, active et paisible.
(13 janvier 1856)

Mes bien-aimés dans le bien-aimé du Père, je rends grâces à Dieu qui me permet encore de vous parler en son nom pour votre encouragement et pour ma propre consolation ; mais j'ai besoin que vous usiez avec moi de la patience de Dieu, à qui l'on est agréable « selon ce qu'on a et non selon ce qu'on n'a pas. » Mes forces qui déclinent ne me permettent ni de me soulever ni de me retourner, et c'est dans cette position seulement que je puis me tenir et vous parler. J'espère le faire assez distinctement pour être entendu de tous.

C'est une situation bien particulière que celle d'un homme qui, pendant un certain nombre de mois déjà, et peut-être pendant un temps encore dont il ne peut mesurer la durée, vit constamment dans la pensée que ses liens avec la vie ont été rompus, qu'il est frappé de Dieu incurablement et mortellement, et qu'il ne sait pas à quel moment la voix paternelle le rappellera dans son sein. Il faudrait qu'il fût bien insensible, ou bien irréfléchi et bien privé de tout sentiment chrétien, pour ne pas jeter un coup d'œil sur sa vie passée ; et, en même temps, comme des pensées de guérison montent aussi et doivent monter dans son âme, parce qu'après tout il est entre les mains de Dieu, qui ressuscite les morts et qui en a ressuscité de plus morts que lui, il est porté à se demander : Si la vie m'était rendue, quel usage en ferais-je ? et tout en se rappelant la faiblesse et la fragilité de ses résolutions, qu'une vie entière lui a démontrée, il espère pourtant de la bonté de Dieu qu'une telle visitation n'aurait pas été perdue pour la seconde partie de sa carrière et de son ministère. Je me dis alors : Voici telle chose que je voudrais faire ; et il n'en est aucune assurément que je ne voulusse faire autrement et mieux que je ne l'ai faite ; et il y a une humiliation salutaire pour moi, comme il peut y avoir une instruction salutaire pour vous, à considérer ces regrets d'un homme qui est mourant ou qui se croit mourant, et qui se représente le nouvel usage qu'il voudrait faire de la vie si elle lui était rendue. C'est plus spécialement sur ces pensées que je me propose de diriger ces allocutions ; et pour choisir tout de suite un exemple particulier, voici un point sur lequel, si j'avais à recommencer, je voudrais apporter dans ma vie, je parle de ma vie intérieure, un changement considérable. Il va sans dire que les applications intimes du principe que je viens de poser sont réservées au Seigneur ; mais il y a pourtant d'autres applications d'un caractère plus général, et qui peuvent sans inconvénient être traitées dans une petite réunion comme celle-ci, par exemple, la prière, la lecture de la Bible, la liberté chrétienne.

Voici un point qui me frappe. Je regrette d'avoir trop réglé ma vie sur mes propres plans, j'entends sur mes plans de fidélité et de sanctification chrétienne, et pas assez simplement sur le plan que le Seigneur déroule pour chacun de nous devant nous. Je crois qu'il me sera facile de faire comprendre ma pensée en quelques mots, et tout enfant de Dieu y entrera immédiatement. Nous sommes portés à nous faire un certain idéal de la vie chrétienne, de l'activité chrétienne et du ministère chrétien, et à rattacher à cet idéal certains plans et certaines méthodes, de telle manière que nous ne nous contentons que si nous parvenons à les réaliser ; et ainsi il importe de faire les plans les meilleurs possibles, et de chercher la meilleure méthode pour les exécuter. Tout cela est bon, sans doute ; mais au fond de tout cela, il y a un défaut : c'est le moi, le moi caché, qui est enraciné au fond du cœur, et qui paraît trop dans nos œuvres les meilleures et les plus pures ; tandis que ce que je voudrais faire, ce serait de prendre le plan de ma vie et de ma conduite journalière, non pas dans mes idées et dans mes sentiments, mais dans les commandements de Dieu, dans ses témoignages intérieurs, dans la conduite de son Esprit, et dans les directions extérieures qu'il donne à notre vie.

On comprendra parfaitement ma pensée sur la manière dont je voudrais régler ma vie, si l'on considère la manière dont Jésus a réglé la sienne. Nous ne trouvons pas chez Jésus ces plans, ces méthodes, qui ont tant occupé beaucoup de gens de bien, et qui souvent les ont tant tourmentés, et leur ont pris un temps considérable qu'ils auraient pu mieux employer. Mais que trouvons-nous ? Nous trouvons un homme (je le considère ici comme Fils de l'homme), qui ne se propose autre chose que d'accomplir la mission qu'il a reçue du Père, et qui n'a d'autre plan que d'entrer dans le plan du Père ; en sorte que les yeux fixés sur le Père, il n'est occupé que d'écouter sa voix pour la suivre, et de discerner sa volonté pour l'exécuter. Les bonnes œuvres de Jésus-Christ lui sont toutes données l'une après l'autre, étant toutes mises par la main de Dieu devant lui sur son chemin, et se suivent si naturellement, naissent si facilement les unes des autres, qu'elles ne s'enchevêtrent jamais, même dans les jours les plus occupés de son ministère. Dans un jour par exemple, comme celui qui nous est décrit dans le chapitre 9 de saint Matthieu, où il appelle un de ses apôtres, guérit des malades, ressuscite un mort, et en passant délivre une femme malade depuis plusieurs années, sans compter les autres bienfaits qu'il répand de toutes parts sur sa route, il n'y a pas un instant d'embarras ou d'hésitation, ni pour la manière de placer ses œuvres, ni pour le temps à donner à chacune d'elles, parce que Jésus-Christ suit tout simplement le plan de Dieu, et que Dieu se charge de le conduire. Lorsqu'il y a cet accord parfait avec la volonté de Dieu, il y a aussi du côté de Dieu une clarté parfaite pour nous conduire. Ainsi se réalise une parole admirable et profonde du Saint-Esprit : « Nous sommes créés en Jésus-Christ pour les bonnes œuvres, que Dieu a préparées afin que nous marchions en elles ; » où les bonnes œuvres nous sont présentées, non pas comme un chemin que nous ayons à nous faire à nous-mêmes, mais comme un chemin que Dieu a fait, et dans lequel il ne s'agit plus que de marcher. C'est le chemin de Dieu, ce n'est pas le nôtre. Il n'y a qu'à suivre ce chemin, et nous ferons de moment en moment la volonté de Dieu. Si j'ai fait comprendre autant que je le pouvais avec si peu de développement ce que je voudrais avoir fait, et ce que je souhaite de faire si la vie m'était rendue, il sera facile de faire saisir combien cette conformité avec le plan de Dieu offre d'avantages sur l'observation des plans personnels, même les meilleurs. J'ajoute en passant que ma pensée n'est pas de décourager les plans personnels, que nous devons chercher à rendre les meilleurs possibles ; je crois que notre infirmité a besoin de cet appui, pourvu que nos plans personnels soient toujours subordonnés à la pensée générale de ne suivre que la volonté de Dieu.

Eh bien, pour m'arrêter à deux ou trois idées principales, cette voie dont Jésus-Christ nous donne l'exemple est d'abord une condition de sainteté. Qu'est-ce qui constitue le péché, pris dans son essence intime ? C'est la recherche de soi-même, la confiance en soi-même, la volonté propre, la justice propre, la gloire propre, et tout ce qui se rapporte à nous personnellement. Ainsi des désirs de bien faire et de faire même la volonté du Seigneur qui s'appuient sur des plans et des projets formés en nous-mêmes, participent inévitablement par quelque côté à la racine du péché ; tandis qu'au contraire l'essence même de la sainteté étant l'union de notre volonté avec la volonté divine, c'est lorsque nous n'aurons d'autre plan que celui de Dieu ou d'autre volonté que la volonté de Dieu, c'est alors que nous serons dans une sainteté vraie, dans une sainteté qui n'aura pas seulement une apparence extérieure, mais qui aura un caractère intérieur, dans une sainteté semblable à la sainteté de Jésus-Christ. La sainteté de Jésus-Christ suit et dépend du principe que j'exposais il y a un moment, c'est-à-dire l'abandon constant à la seule volonté de Dieu, manifestée au dedans par le témoignage de son Esprit, au dehors par les déclarations de sa Parole et par les signes de sa providence. Jésus-Christ est saint parce qu'il ne veut que ce que Dieu veut ; parce qu'il ne cherche pas sa gloire, mais celle du Père : là a été la puissance de sa sainteté. C'est donc une condition de sainteté que cette conformité avec le plan de Dieu.

C'est en même temps une condition d'activité. On perd un temps prodigieux lorsqu'on se cherche soi-même, même dans le bien. On considère avec raison combien facilement on peut se tromper, on se livre à des réflexions et à des considérations infinies ; et combien d'hommes ont reconnu à la fin de leur carrière qu'une partie considérable de leur vie avait été employée à former des plans, qui l'aurait été bien plus utilement à l'œuvre du moment présent et dans l'intérêt des autres ! Voyez quelle activité le plan de Jésus-Christ que je vous citais il y a un moment, lui communique. Dans le chapitre 9 de saint Matthieu, et ailleurs, les bonnes œuvres sont jetées à pleines mains, non pas les unes sur les autres, mais les unes après les autres, et il n'y a pas de limites à une activité fondée sur cet accord complet avec la volonté de Dieu, l'action de l'homme devenant alors une action divine, et la vie devenant comme une vie divine au sein de l'humanité en qui s'accomplit quelque chose de la force de Dieu. Nous n'avons pas d'idée de ce que nous pourrions faire si nous étions complètement perdus dans cet accord complet avec Dieu, si nous ne cherchions pas d'autre volonté que la sienne, si nous n'avions pas une parole de notre bouche, pas un battement de notre cœur, pas une pensée de notre intelligence, pas un mouvement de notre esprit ou de notre corps qui ne fût tourné vers lui pour l'attendre dans l'esprit de Samuel : « Parle, Seigneur, ton serviteur écoute. » Quelques hommes ont montré ce qu'un homme peut faire : un Luther, un Calvin, un saint Paul, un Moïse ; ces hommes-là ont montré ce qu'un homme peut faire quand il ne cherche que la volonté de Dieu. Jésus-Christ a fait bien plus, parce qu'en lui seul la conformité de sa volonté avec la volonté divine a été parfaite. C'est donc une condition d'activité, et d'une activité presque sans limites : cependant il y en a, puisque Dieu ne demande pas de ses créatures plus que ce dont elles sont capables.

Enfin, et je finis par là, c'est une condition de paix. Il n'y a point de paix pour l'homme qui prend son point de départ en lui-même. Il y a toujours lieu de craindre qu'il se trompe ; il est troublé et souvent dans l'erreur, parce que la volonté et l'intérêt humains sont sujets à beaucoup d'erreurs ; il n'a point de repos, il s'agite, il se tourmente, et inspire une compassion profonde à celui qui, voyant le pur désir qu'il a de glorifier Dieu, voit en même temps combien il accumule lui-même d'obstacles sur son chemin, par son défaut de simplicité ; tandis qu'au contraire, lorsque nous ne regardons qu'à Dieu seul, nous nous déchargeons sur lui de tout notre fardeau, et il nous soutiendra. — Il y a plus. Si mes projets sont pris en moi-même, ils peuvent être inexécutables. Je voudrais suivre une carrière, mais il faudrait faire des dépenses auxquelles je ne puis pourvoir ; je voudrais être peintre, et la vue me manque ; orateur, et je n'ai pas d'organe ; chirurgien, et la main me tremble : voilà ma carrière manquée, ce dont je ne pourrai jamais me consoler. Mais il ne saurait y avoir de carrière manquée, si mes projets sont pris dans le plan de Dieu à mon égard. Car alors cette impossibilité même où je me trouve de faire ce que je m'étais d'abord proposé, me prouve que ce n'est pas ce à quoi Dieu m'appelle ; et les infirmités mêmes qui m'arrêtent, sont autant de lumières par lesquelles Dieu me révèle mon œuvre véritable. Si nous agissons dans cet esprit (je le dis avec un profond respect), notre œuvre est l'affaire de Dieu plutôt que la nôtre, son œuvre et non la nôtre ; et l'activité, l'action personnelle que Dieu demande toujours de nous, ne consiste qu'à le suivre dans une obéissance fidèle et abandonnée. Là nous trouverons une paix profonde : Dieu ne peut pas nous égarer. Souvent nous sommes agités par la pensée que nous ne faisons pas assez, ou que nous faisons mal, ou que nous ne faisons pas l'œuvre que Dieu nous a donnée à faire. Je me souviens en particulier combien, pendant les premières semaines qui ont suivi la déclaration des médecins, j'ai été troublé par la pensée que mon œuvre n'était pas faite : par la grâce de Dieu, j'ai été délivré de ces pensées, parce que j'ai compris qu'il ne s'agissait pas de mon œuvre, mais de celle de Dieu ; et j'ai reconnu que, par les souffrances mêmes et les afflictions qu'il m'a envoyées, et par l'espérance de la vie éternelle qui doit leur succéder, le Seigneur me fait exercer un autre ministère, probablement plus important que celui que je m'étais proposé, et en tout cas plus sûr, parce qu'il me vient plus directement de la main de Dieu, qui me contraint miséricordieusement à marcher dans cette voie pour son service et pour sa gloire. C'est alors que nous pourrons dire, comme Jésus-Christ mourant : « J'ai achevé l'œuvre que tu m'as donnée à faire. » Pourquoi a-t-il pu dire cela ? Parce qu'il ne cherche qu'à faire l'œuvre de Dieu, et Dieu le retire comme on cueille un fruit mûr, quand sa mission est achevée. Eh bien, nous aussi, ne cherchons qu'à faire l'œuvre que le Père nous a donnée à faire, et remettons-nous entre ses mains. Nous aussi, si nous sommes fidèles, nous ne serons retirés que quand notre œuvre sera faite. A Dieu seul il appartient de décider quand l'œuvre qu'il veut faire par nous est achevée. Elle pourra être bien imparfaite, bien incomplète aux yeux des hommes ; mais enfin le Seigneur ne permettra pas, si nous sommes droits devant lui, que notre vie se passe sans laisser de traces sur la terre ; il ne nous retirera que quand notre œuvre sera faite devant lui, et nous pourrons dire alors après le Seigneur, dans un esprit d'humilité : « J'ai achevé l'œuvre que tu m'avais donnée à faire. » Vinet le disait sans le savoir, quand il donnait sa dernière leçon de théologie sur ces paroles : « J'ai achevé l'œuvre que tu m'avais donnée à faire. »

Et ce qui s'accomplissait en Vinet s'accomplissait en même temps en Rochat, et s'accomplit dans tous les serviteurs de Dieu. Il y a une grande paix à ne chercher son plan qu'en Dieu et à le suivre en renonçant à soi-même, et il n'y a de paix que là.

Ainsi, appliquons-nous à ne chercher notre plan qu'en Dieu seul, ceux qui sont rappelés pour s'humilier, et ceux qui vivent pour croître dans la grâce. Appliquons-nous, dans cet esprit, à suivre Jésus-Christ dans son Gethsémané, et à tenir les yeux constamment fixés sur la volonté du Père. Ce sera pour nous, comme cela a été pour Jésus-Christ, une condition de sainteté, une condition d'activité et une condition de paix profonde. C'est cette paix que je vous souhaite. Et je serais bien heureux si je pouvais penser que ces quelques réflexions eussent excité ceux qui ont encore devant eux le temps, la vie, la force, à en user si fidèlement, — si simplement, — pour glorifier Dieu à l'exemple de leur Sauveur, qu'ils puissent dire à leur tour : « J'ai achevé l'œuvre que tu m'avais donnée à faire, » et qu'ils puissent passer dans une paix profonde le reste de leur vie terrestre, en attendant qu'ils soient rappelés de ce monde au Père, par la grâce du Seigneur, par la vertu et l'onction du Saint-Esprit.

XV
Les regrets d'un mourant :

2. — L'étude de la parole de Dieu.
(20 janvier 1856)

───◦∞◦───

Mes chers amis, dans le même ordre d'idées dans lequel dimanche dernier je commençais d'exposer sous ce titre : *Les regrets d'un mourant*, la vue nouvelle qui lui vient de bien des choses qu'il voudrait maintenant avoir faites autrement, et qu'il voudrait faire autrement s'il était rappelé de son tombeau à demi ouvert, l'une des plus importantes est l'étude que nous faisons de la Parole de Dieu. Ah ! certainement on se dit alors : Que j'aurais dû agir autrement à l'égard de la Parole de Dieu, l'étudier plus profondément et la mieux posséder, pour la mieux pratiquer, en même temps que pour pouvoir la mieux communiquer à d'autres ! — Arrêtons-nous quelques courts instants sur cette pensée salutaire, pour humilier ceux pour lesquels vient la fin du temps, et pour éclairer ceux auxquels le temps est encore donné, mais qui ne savent pas jusques à quand.

Qu'est-ce que la sainte Écriture ? Jamais les hommes ne pourront expliquer comment elle s'est formée, ni en particulier comment l'Esprit de Dieu et l'esprit de l'homme s'y sont combinés pour en faire à la fois une parole divine et haute comme les cieux, et une parole humaine et toute rapprochée de nous. Cela n'est pas moins difficile à expliquer qu'il ne le serait d'expliquer comment s'unissent en Jésus-Christ la nature divine et la nature humaine : et ce rapprochement n'est pas de moi, mais de l'Écriture, qui s'appelle elle-même la Parole écrite, et qui appelle Jésus-Christ la Parole vivante. — Quoi qu'il en soit de la manière dont elle s'est formée, l'Écriture sainte, c'est le ciel parlé sur la terre ; ce sont les maximes du royaume des cieux qui dans un langage humain sont communiquées aux hommes, comme si le royaume invisible était descendu au milieu d'eux et leur eût été mis sous les yeux. Il n'y a aucun autre livre, même des meilleurs, qui, comme celui-là, nous communique les mystères du royaume des cieux. Ils sont tous mêlés d'erreurs humaines ; l'Écriture seule en est exempte : elle est le livre de Dieu, qui est tout plein de la vérité de Dieu. En elle nous entendons parler Dieu par le Saint-Esprit. Nous voyons Dieu, l'homme, le présent, l'avenir, le temps, l'éternité, décrits tels qu'ils sont.

Si quelqu'un s'est ainsi rendu compte de ce qu'est l'Écriture, il ne lui sera pas difficile de confesser l'usage qu'il en doit faire. Nous devons interroger l'Écriture comme nous voudrions interroger un ange du ciel que Dieu enverrait dans ce moment tout exprès pour nous en instruire, ou, ce qui est bien mieux encore, comme nous interrogerions notre Seigneur Jésus-Christ, si nous l'avions en ce moment près de nous, et que nous puissions lui parler et l'entendre. Et en effet, nous lui parlons et nous l'entendons quand nous lisons la sainte Écriture ; comme elle nous le révèle, elle nous révèle toutes choses par son Esprit et de sa part. Oh ! comment pourrons-nous entourer ce livre d'assez d'attention et de respect ! Sans doute, ce n'est pas la vérité qui nous sauve, mais c'en est le chemin ; ce n'est pas le salut, mais c'est le livre qui nous révèle notre salut, sans lequel nous ne pourrions jamais le connaître, et par lequel, à proportion que nous l'aurons mieux connu, nous connaîtrons mieux aussi Jésus, le Sauveur de nos âmes. Nul chrétien ne contestera la vérité de ces principes ; et pourtant qu'ils sont rares ceux qui étudient profondément les Écritures ! La plupart les lisent superficiellement et se bornent à quelques grandes vérités générales, au lieu de pénétrer toujours plus avant et de se rendre compte de tout, autant qu'ils le peuvent, selon qu'il est écrit : « Les choses cachées sont pour l'Éternel notre Dieu, mais les choses révélées sont pour nous et pour nos enfants. » Et pourquoi cette singulière contradiction avec nous-mêmes ? C'est à cause des difficultés que présente cette lecture. Il faut en convenir : quand on commence à la faire, on y trouve bien des difficultés et des obscurités ; et comme il faut beaucoup de travail pour les dissiper, et que l'esprit de l'homme est naturellement paresseux et lâche, on perd peu à peu courage, et on se borne en lisant et en relisant l'Écriture à un travail toujours uniforme, qui pénètre à peine au delà de la surface, qui n'apprend pas de choses nouvelles, et qui en reprenant toujours les mêmes choses, nous inspire même quelquefois une sorte de fatigue, comme si la Parole de Dieu n'était pas intéressante, comme si elle n'était pas capable de nous instruire toujours et toujours, comme si elle n'était pas inépuisable comme Dieu lui-même ! Gardons-nous de croire cependant que ces difficultés sont invincibles. Non, mes amis ; mais il faut prendre de la peine ; et là, comme dans la prière et dans toutes les parties de la vie chrétienne, Dieu veut que l'homme soit ouvrier avec lui. La connaissance de la Bible, le goût de la Bible, est le fruit et la récompense de cet humble, et sincère, et persévérant travail.

Ah ! que chacun retourne à sa Bible avec une ardeur nouvelle ! Prenez livre après livre, en cherchant non pas à recueillir seulement de cette lecture des sentiments généraux d'une piété sensible, mais une connaissance approfondie et croissante du royaume des cieux. Étudiez un livre jusqu'à ce que vous l'ayez compris aussi bien que vous le pouvez ; et puis passez à un second, et puis à un troisième, et ainsi de suite ; et vous trouverez que dans une seconde et une troisième lecture, bien des difficultés insurmontables en apparence se dissiperont ; et quand même il en restera, vous n'en recueillerez pas moins le fruit du travail que vous aurez fait devant Dieu. N'exceptez pas de cette étude même les livres les plus difficiles, les prophètes, les petits prophètes, que beaucoup de chrétiens laissent de côté comme des livres inintelligibles ; si on veut prendre la peine de les étudier, on verra qu'il y a là une multitude de choses fort intéressantes. Il y a d'ailleurs, par la bonté de Dieu, de bons livres, de bons commentaires sur certaines parties de l'Écriture, qui peuvent servir de clef pour les autres ; et en s'aidant de ces bons livres, on pénètre toujours plus avant dans la connaissance de la Parole de Dieu ; et puis on s'appliquera plus particulièrement aux parties de ce livre qui s'adressent plus particulièrement aux chrétiens, mais je le répète, sans en négliger aucune. Ce sera le fruit, ce sera la récompense de ceux qui seront ainsi fidèles et persévérants, de comprendre la Parole de Dieu, de l'aimer, d'y pénétrer toujours plus avant, et de trouver le temps toujours trop court pour la bien connaître. J'ai connu un homme qui passait tous les jours sept heures à étudier la Bible, et qui trouvait dans cette étude des charmes toujours croissants. Si quelqu'un, dans la foi, usant des ressources que Dieu a mises à sa disposition, et comptant sur Dieu pour le conduire, donnait suite à ces pensées qu'il ne m'est pas possible dans ce moment de faire autre chose qu'indiquer, il trouvera dans la Parole de Dieu des trésors qu'il n'avait pas soupçonnés encore. Alors elle deviendra pour lui un appui aussi ferme qu'elle l'a été pour Jésus tenté dans le désert. Alors elle deviendra pour lui ce qu'elle a été pour les saints du Nouveau Testament, et de l'Ancien Testament dans les portions de l'Écriture qui existaient avant eux ; ce qu'elle a été pour David, ce qu'elle a été pour Daniel, ce qu'elle a été pour saint Paul, ce qu'elle a été pour tous les saints de Dieu. Que Dieu nous en fasse la grâce à tous ! et que celui à qui il n'est pas plus difficile de bénir en peu de temps qu'en beaucoup de temps, ni avec peu de force qu'avec beaucoup de force, veuille faire tellement pénétrer dans vos cœurs les paroles que je vous adresse, qu'elles opèrent dans votre étude de la Bible une transformation pour laquelle vous bénirez Dieu durant toute l'éternité ! Amen.

XVI
Les regrets d'un mourant :

3. — L'emploi du temps.
(27 janvier 1856)

———◦◦◦———

Mes forces sont épuisées, mes chers amis, et je me demandais si je ne devrais pas cette fois garder le silence. Je dirai cependant ce que j'avais l'intention de vous dire, en me bornant à indiquer les pensées.

L'une des choses qui troublent, ou qui troubleraient s'il n'était au pied de la croix, le chrétien qui croit toucher à sa fin, c'est la manière dont il a employé le temps ; et c'est par conséquent l'une des exhortations qu'il doit adresser à ses frères vivants. Il est écrit : « Rachetez l'occasion ; » cette version est plus exacte que celle qui est reçue : « Rachetez le temps. » Racheter ne signifie pas acheter une seconde fois, mais acheter avec empressement : achetez avec empressement l'occasion que Dieu vous fournit, car les jours sont mauvais, ce qui fait que l'occasion une fois manquée peut ne pas revenir. Le bon emploi du temps en soi est une idée si grande qu'elle effraye l'âme. Il y a quelque chose de plus modeste dans cette pensée : saisissez avidement les occasions que Dieu vous fournit à mesure qu'il les fait naître. Que de temps et d'occasions perdues par paresse, par incrédulité, par négligence, par égoïsme, par volonté propre, par indécision, par attachement au péché, et par mille autres causes encore ! Il n'est pas nécessaire de m'arrêter là-dessus : il n'est pas de chrétien que son cœur ne condamne, et dont la conscience ne soit serrée sur ce point. Ah ! que le temps que Dieu nous donne est précieux et suffisant ! Dieu, qui est juste, mesure le temps avec l'œuvre et l'œuvre avec le temps, et ne nous donne jamais ni une bonne œuvre à faire pour laquelle le temps nous manque, ni un seul moment de notre existence où nous n'ayons quelque chose de bien à faire. Mais comment parvenir à remplir ainsi le temps tout entier, et à faire quelque partie du moins du bien immense qu'un seul homme pourrait accomplir, s'il mettait en pratique ce précepte : « Tout ce que tu auras moyen de faire, fais-le selon ton pouvoir, » et s'il était constamment occupé de servir le Seigneur ? Je voudrais vous donner là-dessus deux ou trois indications, que je laisse à votre conscience le soin de développer.

1° Il faut que nous soyons pénétrés de cette pensée que nous ne nous appartenons pas à nous-mêmes, et que notre temps ne nous appartient pas plus que le reste. Notre temps est à Dieu, et c'est par conséquent en Dieu que nous devons chercher toujours ce que nous avons à faire pour remplir le temps qu'il nous donne, et répondre aux occasions qu'il nous présente. Je vous assure que la maladie donne là-dessus des leçons bien précieuses, je veux dire sur ce que nous appartenons non pas à nous-mêmes, mais à Dieu. Notre cœur est naturellement porté, et c'est là la racine même du péché, à se constituer soi-même le centre et le but de la vie. Mais quand on est malade, quand on souffre, comment pourrait-on trouver la consolation, si l'on cherche en soi-même le but de sa vie ? Le but de la vie est alors complètement manqué. La maladie nous apprend qu'il faut chercher le but de la vie ailleurs ; que nous vivons, non pas pour être heureux sur la terre, mais que nous vivons pour glorifier Dieu, ce que nous pouvons faire dans la maladie comme dans la santé, et souvent mieux encore. Apprenons donc de la maladie, de toutes les souffrances de la vie, et de toute la Parole de Dieu, que notre temps appartient à Dieu, et qu'il ne s'agit pour nous que de l'employer pour sa gloire.

2° Soyons toujours empressés de saisir les occasions que Dieu nous présente : elles ne nous manqueront point ; et nous trouverons devant nous une vie toute tissue de bonnes œuvres toutes préparées et où nous n'aurons plus qu'à marcher, et qui s'enchaîneront et s'engendreront les unes les autres si facilement, que notre vie ne sera que bonne œuvre, obéissance, et par conséquent, comme on nous le disait tantôt, joie et paix par le Saint-Esprit. Il faut avoir pour cela les yeux constamment ouverts et tournés vers Dieu, en lui disant : Seigneur, me voici, que veux-tu que je fasse ? et une chose faite : Seigneur, que veux-tu que je fasse maintenant, sans aucun intervalle qui ne soit rempli par l'obéissance due à Dieu. Dieu nous fournira à mesure l'occasion de faire une quantité inexprimable de bien. On ne peut pas calculer le bien qui pourrait entrer dans la vie d'un seul homme, ainsi disposé, témoin Jésus-Christ homme. Dans les choses de ce monde, les hommes qui ont le plus fait sont des hommes qui ont vécu sur ce principe de saisir l'occasion. Si vous étudiez avec soin la vie des hommes qui ont fait des ouvrages très étendus et très nombreux, comme un Calvin, un Luther, un Bossuet, vous reconnaîtrez qu'ils ont fait les choses qui se présentaient, à mesure qu'elles se présentaient d'elles-mêmes sur leur chemin ; et que ce sont des hommes qui ont été appelés par l'occasion, tout doucement, à faire ce qu'ils ont fait, comme Bossuet fut conduit par les besoins de l'éducation du dauphin à composer ses meilleurs ouvrages, comme Calvin, comme Luther ont fait leurs meilleurs écrits y étant appelés par les circonstances. Et au contraire, les hommes ordinaires qui font peu, sont ceux qui ne savent pas saisir l'occasion pour en profiter ; ils auraient pu faire tout autant peut-être, que les hommes qui ont fait beaucoup ; mais il leur a manqué l'art de saisir l'occasion ; et le véritable art de saisir l'occasion, c'est l'art chrétien d'avoir toujours les yeux tournés vers le Seigneur, et de prendre chaque œuvre à mesure qu'il nous la présente, et quand celle-là est faite, de passer à une autre. C'est prodigieux ce qu'une vie d'homme peut accomplir de cette manière, en suivant simplement la voie tout ouverte par le Seigneur devant chacun de nous.

3° Il faut agir avec règle et avec méthode, et ne point livrer au hasard l'emploi du temps que Dieu nous donne. Je disais, il y a quelques jours, que nous ne devons pas nous faire notre plan à nous-mêmes ; mais il n'est pas contradictoire de dire que nous devons agir avec méthode, pourvu que cette méthode soit prise dans le Seigneur. Pour faire les choses que Dieu nous donne à faire, il faut y apporter de la méthode, de la règle. Ainsi il convient que nous ayons des heures réglées pour notre lever, pour notre travail ; que nous soyons des hommes exacts autant qu'il nous est possible dans les heures de nos repas et de toutes nos différentes occupations : la vie est alors bien plus simple, plus douce, plus facile à remplir ; c'est comme un cadre tout préparé, où le Seigneur n'a plus qu'à agir. Les hommes qui ont fait le plus, ce sont des hommes qui ont su régler tranquillement et fortement leur vie, surtout s'ils ont pu allier avec cette fermeté une animation d'esprit, une chaleur d'âme qui ne va pas toujours avec cet esprit de règle et de méthode, mais qui, quand il est combiné avec lui, rend un homme capable de faire les choses les plus étonnantes. On dit que le philosophe Kant se plaisait quelquefois à appeler son domestique, et à le prendre à témoin que depuis quarante ans il s'était levé tous les jours à quatre heures : figurez-vous donc ce que peut faire un homme qui se lève tous les matins à quatre heures ! Voyez d'ailleurs quelle est la puissance de la méthode, indépendamment de l'heure où on se lève. Par cela seul qu'on a une heure fixe pour se lever, combien n'aura-t-on pas plus de temps à consacrer au Seigneur, par la raison toute simple que si je me lève tous les jours à une heure fixe, j'ai réglé cette heure, avec prière, devant Dieu, en tenant compte de la prudence et de la sagesse chrétiennes ; tandis que si au contraire je me lève au hasard, l'heure de mon lever est réglée selon l'impulsion du moment, c'est-à-dire selon bien des circonstances dont j'aurais pu triompher ; selon la paresse, selon le désir « d'un peu de sommeil, d'un peu ployer les bras ; et la pauvreté viendra comme un passant, » non seulement la pauvreté d'argent, mais d'esprit, de travail et de service de Dieu. Ainsi la méthode, une vie paisiblement réglée devant le Seigneur, est une chose de la plus haute importance, pour apprendre à faire beaucoup pour le service de Dieu.

Et enfin, pour ne pas multiplier les réflexions, gardons nos corps et nos esprits dans une disposition qui n'apporte point d'obstacle à ce bon emploi du temps et des dons que nous avons reçus pour les employer selon Dieu. La tristesse, l'inégalité d'humeur, l'entraînement de la volonté propre, la recherche de nous-mêmes, le désir de la gloire qui vient des hommes, sont autant d'obstacles qui nous environnent et nous harcèlent sans cesse, et dont nous devons nous appliquer à triompher. — Et le corps, ne le négligeons pas. Une mauvaise santé, un corps faible, est souvent un grand obstacle à l'accomplissement de notre œuvre devant Dieu. Nous devons l'accepter, quand Dieu l'envoie ; mais il est de notre devoir devant Dieu de faire l'exercice nécessaire même pour le corps, et de prendre les précautions nécessaires pour le fortifier pour le service et pour la gloire de Dieu : cette pensée relève et sanctifie tout. Il y a beaucoup d'hommes qui auraient pu faire beaucoup plus qu'ils n'ont fait pour la gloire de Dieu, s'ils ne s'étaient pas livrés à une activité pieuse plus que réfléchie, qui les a usés tout jeunes ; et ceux qui meurent de bonne heure ont à examiner s'ils n'ont pas négligé certaines précautions simples, faciles, mais dans lesquelles il est difficile de persévérer, et qui leur auraient permis de travailler plus longtemps pour le service de Dieu. Mais avant tout, fortifions l'esprit et l'âme, et évitons tout ce qui pourrait entraver l'action que Dieu veut accomplir en nous et par nous. Mes amis, nous ne savons aucun de nous le temps que Dieu nous laisse encore, mais nous savons celui qu'il nous a donné, et combien nous avons de reproches à nous faire pour l'usage que nous en avons fait. Saisissons celui qui reste devant nous, forts ou faibles, malades ou bien portants, vivants ou mourants ; nous avons un Sauveur qui a toujours rempli chacun de ses instants d'obéissance à Dieu : marchons sur ses traces, à la gloire par la croix ; et nous entendrons à la fin cette douce voix : « Cela va bien, bon et fidèle serviteur ; tu as été fidèle en peu de chose, je t'établirai sur beaucoup. »

XVII
Les regrets d'un mourant :

4. — La prière.
(3 février 1856)

Mes chers amis en Christ, parmi les sujets sur lesquels portent les regrets du chrétien qui se croit près de sa fin, il n'en est sans doute aucun où il voulût réformer davantage s'il revenait à la vie, que la prière. Qu'est la prière, dans la pratique et dans la réalité, pour la plupart des chrétiens, je dis des chrétiens croyants et qui prient ? Quelques moments consacrés au recueillement le matin, quelques moments le soir, plus ou moins longs, plus ou moins courts, quelquefois très courts, et puis le cœur s'élevant à Dieu dans des circonstances extraordinaires qui font sentir un besoin spécial de s'approcher de lui, — c'est à ces maigres proportions que se réduisent les habitudes de beaucoup de chrétiens, ou d'hommes qui s'appellent de ce nom. Aussi combien les fruits de la prière, tant promis dans l'Écriture, sont-ils peu connus du plus grand nombre ! Où sont-ils, ces fruits puissants de sanctification, qui font triompher l'âme de toutes les tentations, comme Jésus dans le désert, et qui la rendent plus que victorieuse en celui qui nous a aimés ? Où sont-ils, ces fruits de consolation, qui répandent dans l'âme une joie douce et profonde, capable de dominer toutes les afflictions de la terre, tellement que jusque dans les angoisses et les amertumes, soit de l'esprit et du cœur, soit de la chair, elle est capable de se réjouir encore de cette joie parfaite que Jésus mourant a souhaitée à ses disciples, qui allaient mener une vie toujours mourante ? Où sont-ils, ces fruits de délivrance, dans lesquels l'âme obtient de Dieu tout ce qu'elle demande, soit qu'elle dise avec Jésus : « Je savais que tu m'exauces toujours, » soit que faute de s'élever si haut, elle puisse dire du moins avec David : « Tu as accoutumé de m'exaucer ? » — Soyons sincères : et reconnaissons qu'entre les promesses que l'Écriture fait à la prière et les fruits que nous en recueillons, il y a une distance si grande, que plus d'une fois notre faible foi en a été troublée, peut-être par moments ébranlée, et que nous nous sommes dit : Est-ce là tout ? Non, ce n'est pas tout ce qui avait été promis ; mais c'est que nous n'avons pas fait tout ce qui avait été commandé. Ah ! mes amis, la prière telle que je viens de la peindre d'après nature, est bien différente de la prière telle que l'Écriture la présente et à laquelle elle fait toutes les promesses !

La prière selon l'Écriture, que n'est-elle pas ? Je disais il y a quelques jours que l'Écriture sainte, la Parole de Dieu, est le ciel parlé ; je dirais, en poursuivant cette image, que la prière selon l'Écriture est le ciel reçu au dedans de nous par le Saint-Esprit. Sans la Parole, la prière est nulle, n'ayant point d'aliment : sans la prière, la Parole est impuissante et ne pénètre pas dans le cœur. Mais lorsque les vérités du ciel, dont l'Écriture est toute remplie, reçues et assimilées à la substance de notre âme par la prière, pénètrent jusqu'au fond des entrailles de notre homme intérieur, alors nous connaissons que la prière fait entrer au dedans de nous le ciel et tous ses biens, le Saint-Esprit et toutes ses grâces, Dieu et toutes ses promesses. La prière est la clef que Dieu a mise entre nos mains pour nous mettre en communication avec le monde invisible : tout par elle, rien sans elle. Je dis la clef que Dieu a mise entre nos mains ; car il en a une autre qu'il a gardée dans les siennes, et dont il daigne se servir quelquefois pour nous ouvrir le monde invisible, alors que nous avons négligé de nous l'ouvrir nous-mêmes, de nous mettre en rapport avec lui, et d'entrer en concours de son action divine, selon ce qui est écrit :

« Nous sommes ouvriers avec Dieu. » Ainsi Dieu terrassant Saul sur le chemin de Damas et le relevant un autre homme, lui a ouvert le ciel, lorsque Saul, loin de le chercher, cherchait les disciples de Christ pour les torturer et les faire périr. Mais ce sont là de ces coups de grâce sur lesquels nous ne devons pas compter, et qui nous seraient d'autant moins accordés que nous y compterions davantage. Sans doute, au fond même de ces coups de grâce, la sincérité de l'âme à chercher Dieu se retrouverait encore si l'on y pensait bien : ce Saul de Tarse, qui s'en allait persécutant le nom de Jésus dans les siens, avait cependant un cœur sincère qui cherchait Dieu, qui lui demandait la vérité ; et peut-être depuis le moment que saint Étienne avait prié pour ceux qui le faisaient mourir, l'étincelle d'une vie nouvelle avait commencé de pénétrer dans l'âme de Saul ; qu'en savons-nous ? Quoi qu'il en soit, la voie ordinaire de Dieu est d'accorder ses grâces à la prière, et d'attendre la prière pour les accorder. « L'Éternel, dit Ésaïe, attend pour vous faire grâce. » Qu'attend-il ? Il attend que vous ayez crié à lui. Et dans Jérémie : « Quand vous me prierez, je vous exaucerai… Vous me trouverez quand vous m'aurez recherché de tout votre cœur. » Il en est de même pour nous. C'est par la prière que nous pouvons tout obtenir, et c'est à la véritable prière telle que nous la dépeint l'Écriture que sont faites toutes les promesses.

Aussi, mes amis, la prière est la marque distinctive des serviteurs puissants du Seigneur. Tous, avec des différences considérables, ils nous offrent ce trait commun : ce sont des hommes qui prient beaucoup, et des hommes qui prient ardemment. Voyez les prières d'un Jacob : il lutte avec le Seigneur toute une nuit, jusqu'à ce qu'il ait triomphé du Seigneur lui-même, qui se prête à ce triomphe pour exercer la foi de son serviteur. Voyez les prières d'un Moïse et d'un Samuel, d'un Moïse, fondateur d'Israël, d'un Samuel, réformateur d'Israël, dont Jérémie dit au commencement de son chapitre 15, pour marquer que Dieu était résolu de ne point accorder une certaine grâce : « Quand Moïse et Samuel se tiendraient devant moi, je ne le ferais point. » Essayons de substituer notre nom propre à celui de Moïse ou de Samuel : Quand un tel ou une telle d'entre nous aurait prié, cela ne serait point accordé… quelle chute ! quelle humiliation ! quel contre-sens ! Voyez les prières d'un David, les Psaumes, des prières qui ont été capables, non seulement de le soutenir lui-même, mais qui sont comme les cent cinquante colonnes qui soutiennent de génération en génération, et qui soutiendront jusqu'à la fin du monde toutes les générations du peuple de Dieu ! Voyez les prières d'un roi Josaphat qui ne détruit que par la prière les armées combinées des Moabites, des Hammonites et des habitants du mont de Séhir ; et du roi Ézéchias, son arrière-petit-fils et son imitateur, qui, par la prière seule, appelle l'extermination du Dieu vengeur sur une armée de cent quatre-vint-cinq mille hommes qui n'attendait qu'une occasion pour détruire Jérusalem de fond en comble. Voyez les prières d'un Néhémie et d'un Esdras pour relever et pour réformer leur peuple à l'exemple de Moïse et de Samuel, l'un en relevant l'état spirituel et l'observation de la loi, l'autre en rebâtissant les murailles de Jérusalem et rétablissant son état civil. Voyez les prières de Jésus, le « chef et le consommateur de la foi, » qui, tout Jésus qu'il était, tout Fils de Dieu qu'il était, prie, passe des nuits entières en prière, et ne fait rien que par la prière. Par la prière, il nomme le corps apostolique ; par la prière, il soutient ses apôtres ; par la prière, il triomphe du démon dans le désert, en Gethsémané et en Golgotha ; par la prière, il accomplit l'œuvre entière de notre rédemption, ayant été rendu capable de souffrir des douleurs inouïes, dont nos souffrances les plus atroces sont à peine capables de nous faire entrevoir quelque pâle image. Et à la suite de Jésus, voyez recommencer la série des hommes qui prient. Un Paul, quel colosse de prière ! La prière est l'âme et le ressort de toute son œuvre. Paul est Paul avant tout par la prière. Voyez les prières d'un saint Augustin, les prières d'un Calvin, d'un Luther qui, dans le temps où il comparaissait devant la diète de Worms, passait trois heures prises sur les meilleures de la journée à crier à Dieu à haute voix, ne sachant pas que son fidèle ami Dietrich prêtait une oreille indiscrète et recueillait pour le bien de l'Église ces prières de feu.

[Voici ce que Dietrich écrivait à Mélanchthon (*Schreiben an Ph. Melanchthon*, Walch, Theil XVI, p. 2139), en parlant du séjour de Luther à Cobourg, pendant la diète d'Augsbourg : « Je ne puis assez admirer sa fermeté, sa joie, sa foi et son espérance dans ces temps de désolation. Il s'affermit chaque jour dans ces sentiments par une application constante à la Parole de Dieu. Il ne se passe point de jour qu'il ne réserve pour la prière *au moins trois heures* prises sur le temps de la journée qui est le plus favorable au travail. Un jour j'eus le privilège de l'entendre prier. Grand Dieu, quel esprit, quelle foi dans ses paroles ! Il prie avec tout le recueillement d'un homme qui est devant Dieu, mais avec toute la confiance d'un enfant qui parle à son père. « Je sais, disait-il, que tu es notre bon Dieu et notre Père ; c'est pourquoi je suis persuadé que tu extermineras ceux qui persécutent tes enfants. Si tu ne le fais pas, le péril est pour toi autant que pour nous. Cette cause est la tienne : ce que nous avons fait, nous n'avons pas pu ne pas le faire. C'est à toi, Père miséricordieux, de nous protéger. » Tandis que je l'écoutais de loin priant en ces mots d'une voix claire, mon cœur brûlait de joie au dedans de moi, parce que je l'entendais parler à Dieu avec autant de ferveur et tout ensemble de liberté ; surtout il s'appuyait si fermement sur les promesses des Psaumes, qu'il paraissait assuré que rien de ce qu'il demandait ne pouvait manquer de s'accomplir. »]

Voyez les prières d'un Pascal, qui, visité dans un âge si jeune encore par des douleurs si constantes et si cruelles, est rendu capable de les surmonter avec une fermeté et une piété dont nous retrouvons la marque empreinte et profonde dans ces prières si belles et si fortes qui nous ont été conservées de lui. Voyez les prières de tous les saints dans tous les temps : c'est leur foi, c'est leur vie, c'est leur ressort, c'est leur œuvre.

O mes amis ! je ne sais si vous serez aussi profondément humiliés que je le suis par ces souvenirs. Quant à moi, je ne puis exprimer jusqu'à quel point je suis humilié en me rappelant ce qu'ont été mes prières, auprès de ce qu'elles auraient dû, de ce qu'elles auraient pu être. Certainement nous serions dans notre humble sphère d'action ce que ces hommes ont été dans l'histoire de l'Écriture et de l'Église, si nous savions prier comme ils ont su prier, et si au lieu de dire : C'était un privilège spécial que Dieu leur accordait, nous savions dire : « Seigneur, enseigne-moi à prier ! Ah ! si je revenais à la vie, je voudrais avec le secours de Dieu et en me défiant de moi-même, donner à la prière beaucoup plus de temps que je n'ai fait, et me reposer sur elle beaucoup plus que sur le travail, qu'il est cependant de notre devoir de ne jamais négliger, mais qui n'a de force qu'appuyé et animé par la prière. Je voudrais surtout répandre dans mes prières cette onction et cette ferveur du Saint-Esprit qui ne s'apprend pas en un jour, mais qui est le fruit d'un long, et souvent d'un douloureux apprentissage. O mes amis ! vous qui êtes pleins de vie, vous dont la carrière ne semble pas encore toucher à son terme, quoique nous n'en sachions rien et que je puisse vivre plus longtemps que vous, saisissez l'occasion et la rachetez ; entrez dans de nouvelles habitudes de prière. Portez dans la prière, avec cet esprit de ferveur, un esprit d'ordre et de méthode qui en augmentera la puissance, comme elle augmente la puissance de toutes les choses humaines, et seconde la puissance divine elle-même ; cet ordre et cette méthode dont Jésus-Christ nous a donné l'exemple dans la prière modèle, l'Oraison dominicale. Enfin, priez Dieu de vous conduire, et sortez d'ici pleins de cette prière : « Seigneur, enseigne moi à prier ! » Je m'y appliquerai avec vous, quelque court que le temps puisse être : Dieu ne regarde pas à la brièveté du temps, mais à la droiture du cœur. Tous ensemble, d'un même esprit et d'un même cœur, humiliés de la lâcheté de nos prières, formons la sainte résolution de connaître enfin par expérience quelles en sont les vraies promesses, afin que nous en recueillions le bienheureux héritage dans ce monde invisible avec lequel la prière seule nous met en rapport par la Parole de Dieu ; dans ce monde invisible, plus près des uns, plus loin des autres qu'ils ne le pensent ou ne le souhaitent, et qui, quoi qu'il en soit, dans dix ans, dans vingt ans, dans cinquante ans, dans cent ans, ce serait énorme, — c'est-à-dire dans un clin d'œil, — va s'ouvrir pour tous ceux de nous qui ont mis toute leur espérance en Jésus-Christ crucifié et ressuscité d'entre les morts. C'est mon ardente prière pour vous, et si le Seigneur me rappelle à lui, c'est l'héritage que je voudrais laisser à chacun de vous, en commençant par ma famille bien-aimée ! Amen.

XVIII

Les regrets d'un mourant :

5. — La préoccupation des petits intérêts.
(10 février 1856)

———◦•◦———

Mes bien-aimés, qui me donnez une marque de votre amour fraternel en vous joignant encore à moi pour participer au repas de l'amour du Seigneur, l'un des objets qui troubleraient l'âme d'un homme qui contemple de près la mort, si elle n'était rassurée contre cela comme contre tout le reste par la grâce toute gratuite de Dieu en Jésus-Christ, c'est le souvenir de cette partie de sa vie qui a été perdue, quand elle n'a pas été plus que perdue, en petits intérêts, au lieu d'être occupée aux grands intérêts qui seuls devraient être constamment sous les yeux d'un chrétien. C'est pourquoi je veux appeler un moment votre attention sur le grand mal qu'il y a dans la préoccupation des petits intérêts pour le chrétien. Expliquons bien d'abord qu'il ne faut pas confondre la préoccupation des petits intérêts avec l'attention donnée aux petites choses. Nous sommes appelés de Dieu à nous occuper d'une foule de petites choses, et c'est d'elles surtout que se compose la vie. La manière dont nous remplissons les petits devoirs est une mesure tout aussi fidèle, souvent plus fidèle, de notre piété, que celle dont nous remplissons les grands, parce que dans les petits, nous n'avons pour témoins que Dieu, nous-mêmes et notre famille, tandis que dans l'accomplissement des grands, nous sommes placés sur une sorte de théâtre, où notre orgueil ne trouve quelquefois que trop de complaisance à se voir établi. D'ailleurs, rien n'est petit ou grand de soi ; il ne le devient que par l'esprit que nous y portons. Devant Dieu, ce que nous appelons petit est aussi grand que ce que nous appelons le plus grand, et ce que nous appelons grand est aussi petit que ce que nous appelons le plus petit, puisque Dieu est infini et éternel. Une servante fidèle qui prend un soin affectueux d'un enfant que lui ont confié ses maîtres, pour l'amour de Dieu, fait une chose très grande devant Dieu, et qui aura sa récompense ; et un homme d'État qui aspire pour l'amour de soi-même aux premiers honneurs de la sagesse ou de l'éloquence, fait une chose très petite devant Dieu, et qui pourra lui attirer plus de honte dans le ciel que de gloire sur la terre. Ce qui importe donc, c'est d'apporter dans tout ce que nous faisons un esprit grand, élevé, qui regarde toujours à Dieu, et qui fait toutes choses en vue de lui et de l'éternité ; en sorte que portant Dieu partout dans nos cœurs, nous le portions aussi partout dans nos paroles et dans nos œuvres, et qu'il n'y ait rien de petit, de terrestre, de passager, dans notre vie tout entière.

L'exemple de Dieu lui-même achèvera de nous éclaircir ce que je viens de dire. Dieu ne fait aucune différence, pour le soin qu'il y apporte, entre les petites choses et les grandes. Il construit un brin d'herbe ou un flocon de neige avec autant de soin qu'il règle les proportions, les rapports et les mouvements des astres ; et qu'il fabrique un grain de sable ou qu'il plante un mont Blanc, il fait tout ce qu'il fait en Dieu, c'est-à-dire avec un soin parfait. Mais ce Dieu qui ne voit rien de trop petit pour mériter son attention, a toujours dans ses petites œuvres, comme dans les grandes, l'éternité, son règne, sa gloire devant les yeux, selon ce qu'il a dit lui-même : « L'Éternel a tout fait pour sa gloire ; et il n'y a absolument rien dans toutes les œuvres, soit morales, soit physiques même de Dieu, dans lequel il n'ait porté le poids immense d'un regard infini et d'un intérêt éternel. De même de Jésus, ce Dieu rendu visible. Non seulement il ne néglige pas de pauvres petits enfants qu'on lui apporte et que les apôtres regardaient comme au-dessous de lui de bénir, mais il ne néglige pas même les fragments des pains et des poissons, et il veut que rien ne se perde, et cela dans un moment où il vient de faire voir que d'une parole, et même sans parole, il peut multiplier les pains et les poissons à volonté. Et ce même Jésus est celui qui accomplit les œuvres les plus grandes dans son incarnation, dans sa rédemption, dans sa passion, dans sa résurrection et dans son ascension glorieuse. Mais il fait toutes ces choses dans le même esprit ; et soit qu'il s'incarne, qu'il nous rachète, qu'il souffre pour nous, qu'il ressuscite, qu'il monte aux cieux ; soit qu'il s'arrête pour bénir ces petits enfants, ou pour faire ramasser les morceaux de pain et de poisson, ou pour adresser la moindre parole de consolation à un affligé, ou pour tendre un verre d'eau froide à qui a soif, il a toujours, dans chacune de ses actions, Dieu, l'éternité, et la gloire de son Père en vue ; et c'est par là que Jésus-Christ nous apparaît dans toutes ses œuvres, ayant toujours sa tête dans le ciel quoique ses pieds soient sur la terre, et disant : « Celui qui est dans le ciel, » en parlant de lui-même. Comme tout est grand dans son âme, tout est grand dans toutes ses œuvres et dans toutes ses pensées.

Eh bien, mes chers amis, voilà l'exemple qui nous est proposé ; et c'est ainsi que nous devons marcher, préoccupés toujours non des petits intérêts de la terre, encore moins de ses convoitises et de ses péchés, mais préoccupés de Dieu, de sa gloire, de son amour, et de l'œuvre de Jésus-Christ pour l'honneur de Dieu et pour le salut de l'humanité, en même temps que pour le nôtre. Faits à l'image et à la ressemblance de Dieu, nous devons être ses imitateurs ; et dans les moindres soins, comme dans les plus grands, porter toujours la pensée dominante de Dieu et de l'éternité. Le chrétien, quoi qu'il dise, quoi qu'il fasse, doit toujours être grand devant Dieu, qui pèse la solide grandeur. Les peintres ont représenté les saints avec une auréole : l'Écriture n'a rien fait de semblable, excepté pour un saint de l'Ancien Testament ; il est vrai qu'elle le fait d'une manière tout exceptionnelle. Les saints portent leur auréole en eux-mêmes, et la répandent partout où ils passent ; et il faut que le chrétien donne une telle opinion de lui, qu'en quelque lieu qu'on le rencontre, dans la rue, dans un salon, à table, en prison, au faîte des grandeurs, on ait toujours le sentiment que c'est un homme qui cherche Dieu, qui songe à avancer les grands intérêts de l'humanité, qui trouve qu'il ne vaut pas la peine de vivre pour autre chose que pour glorifier Dieu et y fait concourir tous ses avantages et tous ses revers, qui est prêt à quitter la terre dès que son œuvre en ce point sera accomplie, et qui va, comme son Maître, de lieu en lieu, faisant le bien. Oh ! que ce chrétien serait saint, qu'il serait heureux, exempt de convoitise, d'envie, d'inquiétude, et de tout ce qui trouble l'âme ! marchant toujours avec Dieu, qu'il ferait honorer l'Évangile ! qu'il fermerait la bouche victorieusement aux contredisants, et que d'âmes il amènerait à son Sauveur, par l'humble éclat d'une vie toute sainte, plus encore que par ses paroles les plus puissantes !

Mais ces chrétiens, où sont-ils ? mon Dieu, où sont-ils ? Et qu'il serait plus facile d'en trouver, je dis de vrais chrétiens, sincères, qui, s'ils venaient à mourir, remettraient leur âme entre les mains du Seigneur, qui dans le fond s'attendent à lui, mais qui se laissent détourner et préoccuper par de petits intérêts, par l'amour de l'argent, par la soif de la gloire de l'homme, par la jalousie des succès d'un compétiteur, par un ardent désir de succès personnels, par une ambition en dehors des voies que Dieu leur a frayées, par l'impatience des maux, par la répugnance pour les humiliations et pour les croix, par la vive contrariété qu'ils peuvent éprouver pour une parole, peut-être pour une parole mal interprétée, ou pour un accident insignifiant qui ne laissera pas de traces à la mort et peut-être pas dans une heure ! O mon Dieu ! que les chrétiens conséquents sont en petit nombre ! C'est pour cela, mes amis, que l'Évangile est compromis par ceux qui le professent, et qu'on dit d'eux si souvent qu'après tout ils poursuivent ce que poursuivent les autres, et que ce qui trouble les autres, les trouble également. Ainsi l'Évangile est blessé par ceux-là même qui y cherchent leur paix et leur salut, et qui devraient employer tout ce qu'ils ont de force et de vie pour le glorifier, en marchant la tête haute, la tête au ciel comme Jésus, cheminant les pieds sur la terre mais respirant dans le ciel, et y puisant le principe de toutes leurs actions et la force de toute leur vie.

Si vous saviez, mes amis, combien, quand on voit de près la mort, toutes ces illusions se dissipent, combien tout ce qui est petit paraît petit, combien cela seul qui est grand devant Dieu paraît grand, combien on regrette de n'avoir pas plus vécu pour Dieu comme a vécu Jésus, et combien, si l'on avait à recommencer la vie, on voudrait la mener d'une manière plus sérieuse, plus pleine de Jésus-Christ, de sa Parole et de ses exemples, — si vous le saviez! vous mettriez dans ce moment même la main à l'œuvre, vous supplieriez Dieu de mettre votre conduite en rapport avec vos sentiments et votre foi ; vous y réussiriez, comme tant d'autres après tout y ont réussi, parce qu'ils ont crié à Dieu, et qu'ils ont *voulu* sincèrement devant Dieu ; et cette petite poignée d'enfants de Dieu qui est rassemblée dans cette chambre, autour de ce lit de maladie et vraisemblablement de mort, ces chrétiens avec toutes leurs infirmités et leurs langueurs, feraient plus pour l'avancement du règne de Dieu et pour le bien de l'humanité qu'une foule compacte et revêtue de tous les dons possibles ; et ils feraient des actions d'autant plus grandes que toute pensée de vaine grandeur serait désormais bannie loin de leur cœur. C'est mon souhait pour vous, c'est mon ardente prière, et c'est aussi la prière que je vous supplie de présenter à Dieu pour moi, afin que durant le temps qui me reste, quel qu'il soit, je ne songe plus qu'à vivre pour la gloire de Dieu et pour le bien de mes semblables, ce qui sera vivre en même temps pour ma propre joie éternelle ! Amen.

XIX
Jésus-Christ

(17 février 1856)

———◆———

Quand on considère ce que nous venons de faire en rappelant ce que Dieu nous a donné en son Fils bien-aimé, on voudrait ou demeurer dans le silence, ou n'ajouter à ce service solennel que des paroles d'adoration et d'actions de grâces. Mais puisque le Seigneur nous appelle aussi à glorifier sa Parole et à rendre témoignage de sa vérité, et que dans certaines positions les occasions de le faire sont si rares, je continuerai, en me reposant sur le secours de Dieu, à vous exposer la vérité telle qu'elle est dans mon cœur, en attendant que le jour vienne où le Seigneur me dira en me fermant la bouche : C'est assez ; tu as assez parlé ; va maintenant te reposer de tes travaux dans le sein de ton Sauveur. J'aime, vous le savez, à vous parler ici, sous le nom de ce que j'appelle *les regrets du chrétien mourant*, des vues d'un chrétien qui se croit près de sa fin, sur l'emploi qu'il a fait de sa vie ou qu'il en voudrait faire si elle lui était continuée, et qu'il en voudrait voir faire à ses frères qui vivent encore. Mais je me sens aussi appelé, dans cette position particulière et surtout dans les jours obscurs et agités où nous vivons, à rendre témoignage des résultats auxquels la vie chrétienne et l'expérience du ministère pastoral dans mon infirmité m'ont conduit ; afin que l'on sache bien dans quels sentiments, Dieu m'appelant, je me reposerai et je m'endormirai, et qu'il ne puisse y avoir aucune espèce de doute dans le cœur de mes amis, de mes frères, de l'Église, sur ce qui fait en ce moment, et ce qui fera de plus en plus, je l'espère de la bonté de Dieu, l'assurance de mon âme.

Il y a une première chose capitale sur laquelle je ne m'arrête pas dans ce moment, parce que nous nous en sommes dernièrement assez longuement entretenus : je sais bien que mon petit auditoire se renouvelle, mais je ne puis pas faire autrement que de suivre un certain ordre dans les pensées que je vous communique. Cette première vue était celle du péché. Le premier point est d'avoir une vue claire et profonde de notre état de péché devant Dieu, non seulement par la conviction où nous sommes que nous avons péché contre sa loi sainte, mais parce que nous avons commencé de mesurer l'énormité du péché, la terreur des jugements de Dieu et la profondeur de l'abîme d'où il s'agissait de nous retirer. Une fois pénétrés de cette amertume du péché, sans atténuation, sans excuse, sans explication aucune, et en nous bornant à dire : « J'ai péché contre toi, contre toi proprement, » l'Évangile tout entier se résume pour nous, mes chers amis, et se résume en particulier en ce moment pour moi, dans un seul mot, ou plutôt dans un seul nom, Jésus-Christ ; — selon ce que nous dit saint Paul : « Je n'ai voulu savoir autre chose parmi vous que Jésus-Christ, et Jésus-Christ crucifié. »

Qui est Jésus-Christ ? Quel est-il ? Quelle idée avez-vous de lui ? Que répondriez-vous à sa question : « Qui dit-on que je suis ? » Voilà le fondement et le commencement de notre foi. (O mon Dieu ! fortifie mon cœur et ma bouche pour te donner gloire dans mon affliction !)

Quand nous contemplons Jésus-Christ, c'est d'abord comme homme que nous le regardons ; mais nous nous apercevons bientôt que ce n'est pas un homme ordinaire. Nous trouvons ici une charité infinie, une bonté toujours prête à nous venir en aide, et une puissance toujours capable de nous délivrer ; un maître et un libérateur qui guérit les maux du corps pour montrer qu'il peut guérir ceux de l'âme, et jusqu'aux misères les plus invisibles et les plus profondes ; une sainteté sans tache, une sainteté qui est celle de Dieu même transportée sur la terre ; et en un mot, dans un corps d'homme et dans un esprit d'homme, une vertu divine de vérité, de force, de bonté et de délivrance que nul homme n'a jamais possédée ni soupçonnée, et qui nous attire vers lui comme vers celui que nous sommes instinctivement avertis pouvoir, et pouvoir seul, nous apporter toutes les délivrances qui nous sont nécessaires. Mais bientôt, en écoutant l'Écriture et en l'écoutant lui-même, ce mystère commence à s'éclaircir, mais par un autre mystère, plus profond encore. Nous apprenons que notre Seigneur Jésus-Christ, — car tel est l'homme que nous venons de contempler, — né d'une naissance surnaturelle, n'est pas seulement Fils de l'homme, mais en même temps Fils de Dieu : Fils de l'homme, c'est-à-dire homme ; Fils de Dieu, c'est-à-dire Dieu. S'il a une vertu, une puissance, une sainteté et une bonté divines, c'est qu'il est Dieu ; il est le reflet de sa personne et la splendeur de sa majesté, et « toute la plénitude de la divinité a habité en lui corporellement. » C'est le mystère de la piété, Dieu manifesté en chair, Dieu pouvant dire à ses disciples, comme nous l'avons tantôt entendu lire : « Qui m'a vu, a vu mon Père. » C'est ici, mes chers amis, dans ma conviction croissante et profonde, et dans celle de tout le peuple fidèle du commencement à la fin, prophètes, autant qu'il leur était donné de l'entrevoir, patriarches, apôtres, témoins, martyrs, Pères (les Pères fidèles de l'Église), réformateurs, serviteurs et servantes du Seigneur de tous les temps, c'est ici proprement la clef de l'édifice évangélique, et le fondement de l'Évangile tout entier ; c'est de ce point que partent tous les chemins infiniment nombreux qui divergent vers tous les actes de foi et d'obéissance auxquels nous pouvons être appelés, en sorte que la vie chrétienne tout entière repose tellement sur ce fondement, Jésus-Christ, Dieu manifesté en chair, que hors de là Jésus-Christ n'est pas seulement détrôné, mais Dieu l'est lui-même. Le Dieu vivant ne vit plus ; on nous donne un Dieu des déistes, un Dieu des panthéistes, un Dieu des rationalistes, — qui n'est qu'un Dieu mort, qui n'a jamais sauvé, ni sanctifié, ni consolé personne, parce que le vrai Dieu est celui qui se révèle à nous, et non seulement qui se révèle, mais qui se donne à nous en Jésus-Christ ; car, comme quelqu'un l'a dit et si bien dit, dans la création Dieu nous montre sa main, mais dans la rédemption il nous donne son cœur.

Jésus-Christ Dieu et pourtant Jésus-Christ homme, véritablement et réellement homme, véritablement et pleinement Dieu, semble à plusieurs une doctrine de spéculation plutôt que de pratique (mon Dieu, fortifie ma faible voix et mon âme languissante !...) ; mais il n'en est point ainsi ; et bien loin que ce soit une doctrine de spéculation, c'est le fond même de la pratique et de la vie chrétienne. Aussi saint Paul, tout en l'appelant un mystère, l'appelle *le mystère de la piété* : « Le mystère de la piété est grand. » Il n'y a pas de vie chrétienne, de sainteté chrétienne, de consolation chrétienne, de force chrétienne, de mort chrétienne, hors de là ; c'est le fondement de tout le reste, et la grâce du Seigneur Jésus répandue dans nos cœurs est notre unique force aussi bien que notre unique espérance.

C'est pourquoi je veux qu'on sache, et je confesse que je contemple en Jésus-Christ mon Dieu, devant qui je me prosterne avec Thomas, en lui disant : « Mon Seigneur et mon Dieu ! » et de qui je rends ce témoignage avec saint Jean : « Il est le vrai Dieu et la vie éternelle ; » ou avec saint Paul : « Il est Dieu sur toutes choses, béni éternellement. » Je l'honore comme j'honore le Père ; et je sais que le Père, si jaloux de sa gloire, loin de l'être de celle que je donne à Jésus-Christ, l'approuve comme une gloire rendue à lui-même, parce qu'il veut que tous honorent le Fils comme ils honorent le Père ; et je m'applique à vivre dans la communion de Jésus-Christ, dans la paix de Jésus-Christ, le priant, m'attendant à lui, lui parlant, l'écoutant, et lui rendant en un mot une série constante de témoignages, de jour et de nuit, qui seraient une idolâtrie s'il n'était pas Dieu, et s'il ne l'était pas dans le sens le plus élevé, le plus unique, que l'esprit humain soit capable de donner à ce nom sublime. Jésus-Christ est *celui qui est* : « Je suis, je suis le chemin, la vérité et la vie ; — je suis celui qui suis ; — Jéhovah ; — le Seigneur Dieu tout-puissant ; » voilà ce qu'est Jésus-Christ : voilà ce qu'il est pour moi. Et si, dans les derniers moments de ma vie, je devais être empêché par la maladie de lui rendre ce témoignage, je veux qu'on sache que je le lui rends ici ; et en le lui rendant, je n'ai pas la pensée de le lui retirer jamais ! — car je n'ai connu ni le peu de foi, ni le peu de consolation, ni le peu de sainteté, ni le peu de charité que je possède, et que je prie Dieu de m'augmenter, que depuis que, changeant mes premiers sentiments, j'ai appris à adorer Jésus-Christ comme mon Sauveur et mon Dieu.

Cela mis en sûreté, je trouve en même temps en Jésus-Christ mon frère, mon semblable, mon ami, celui qui est avec moi, près de moi, et selon cette belle expression du Psaume 84, « mon soleil et mon bouclier. » Mon soleil, c'est ma protection de loin ; mon bouclier, c'est ma protection de près. Entre ce soleil de la divinité et moi, il y a tant de choses, un chemin si immense (dont je laisse à l'homme de calculer la durée matérielle, quoiqu'on n'en puisse jamais calculer la longueur spirituelle), que j'ai besoin du Seigneur près de moi, comme d'un bouclier qui m'enveloppe de toutes parts, — dont le cœur presse mon cœur, dont les bras me tiennent constamment environné, et auquel je puisse dire, et dire si je veux à l'oreille et sans que personne au monde l'entende : Je suis à toi et tu es à moi, je sais qui tu es, mon Dieu et mon frère ; et tu sais qui je suis, ton enfant et ton serviteur, qui, malgré toutes ses infirmités, croit en toi, qui ne gémit que de croire si peu, et qui aspire à croire jusqu'à te glorifier dans les plus amères épreuves ! Jésus-Christ donc est mon frère. Ah ! quelle grâce que d'avoir Dieu pour frère, et d'avoir un frère pour Dieu ! Je ne pourrai jamais seulement essayer de dire tout ce qu'il y a de combinaison profonde, tendre et mystérieuse dans cette union de Dieu avec l'homme : voilà ce qu'est Jésus-Christ pour moi.

Je n'en puis dire davantage dans ce moment ; mais vous voyez quelles sont mes pensées quant au Seigneur, que je serais prêt à confesser devant son tribunal s'il m'y appelait, sachant qu'il ne me démentira pas, et qu'il ne manque à ces sentiments que ce qui manque à mon adoration, à ma reconnaissance, et que je suis infiniment en arrière des sentiments d'amour et d'adoration que je lui dois. Mes amis, voilà ce que Jésus-Christ est devenu pour moi ; voilà ce que Dieu, dans sa grâce, l'a rendu pour moi, en se servant tour à tour de moyens divers d'éducation, d'exemple, d'action, de livres, de prédications ; en employant ces divers instruments à des degrés de lumière divers, en différentes manières, et en m'établissant ainsi dans sa grâce pour l'éternité. Je sais qu'il me préparait alors, et qu'il voulait me donner de pouvoir résister à ce qu'il m'envoie aujourd'hui ; et que ce qu'il m'envoie aujourd'hui sera le couronnement, si toutefois c'est le couronnement, ce que nous ne pouvons pas affirmer encore, de ses dispensations à mon égard. Et je vous conjure de vous interroger vous-mêmes, et de voir si Jésus-Christ est pour vous ce qu'il est pour l'Église universelle fidèle, ce qu'il est, je le répète, pour les patriarches, pour les prophètes, pour les apôtres, pour les martyrs, pour les Pères, pour les réformateurs, et pour tous les saints de tous les temps ; ce qu'il est selon sa Parole, ce qu'il est selon ses propres déclarations, ce qu'il est selon les témoignages du Père ; — reposez-vous alors, ne vous reposez jamais avant ; car nul ne doit se reposer qu'il n'ait appris à se reposer au pied de la croix de son Dieu Sauveur, dût-il y être poussé par les vents et par les orages, et tomber de lassitude à cette place qu'il ne veut plus désormais quitter !

XX
L'Écriture

(24 février 1856)

―⸺∝⸺―

Ceux qui ont été présents à quelques-unes de ces réunions, savent que je me plais surtout, dans les quelques paroles que je vous adresse, mes chers amis en Christ, qui me donnez une si grande marque de votre charité, à repasser par-dessus les souvenirs d'un chrétien qui se croit prêt à comparaître devant Dieu, et puis aussi à recueillir en sa présence et à vous communiquer les résultats capitaux de ses études sur la Parole de Dieu, et la conviction dans laquelle il souhaite d'achever de vivre et de mourir. Ayant à ce point de vue exposé les résultats auxquels je suis parvenu concernant le péché, et la personne du Seigneur Jésus-Christ, j'en viens aujourd'hui à vous entretenir quelques instants de sa Parole.

Je déclare, comme devant le tribunal de Jésus-Christ où je m'attends à comparaître bientôt, que toutes mes recherches et mes études, soit de l'Écriture, soit de l'histoire de l'Église, soit de mon propre cœur, et que toutes les discussions qui se sont dans ces dernières années élevées sur l'inspiration et l'autorité divine de la Parole de Dieu, n'ont fait, durant la triple période de mon ministère ― (trois périodes d'environ dix ans chacune : Lyon, Montauban, Paris), ― que me confirmer, quoique par des chemins que la sagesse de Dieu a faits quelque peu divers, dans la conviction inébranlable que quand l'Écriture parle, c'est Dieu qui parle ; et que quand elle proclame sa volonté, la voie du salut, les grandes doctrines du péché, de la grâce, du Père, du Fils et du Saint-Esprit, ce qu'elle nous dit n'est pas moins véritable et moins assuré que si le ciel s'entr'ouvrait dans ce moment sur notre tête, et si la voix de Dieu retentissait comme autrefois en Sinaï, nous disant les mêmes choses. Il n'y a pas de bornes à la confiance et à la soumission que nous devons aux Écritures, pas plus de bornes qu'on n'en trouverait à la vérité et à la fidélité de Dieu ; si bien que lorsque dans un jour dont Dieu seul connaît le nombre, et auquel j'aspire comme à une délivrance (sans oser toutefois le presser), — quand ce jour sera venu, et que j'entrerai dans le monde invisible, je ne m'attends pas à y trouver les choses autrement que la Parole de Dieu ne me les a représentées ici, — à part bien entendu la différence immense des conditions et de l'état de l'âme avant ou après la mort, dans le temps ou dans l'éternité : mais au fond, la voix que j'entendrai alors, qui sera revêtue de tout pouvoir de juger, qui régnera sur toutes les créatures, cette voix sera la même que j'entends aujourd'hui sur la terre, et je dirai : C'est bien là ce que Dieu m'avait dit, et combien ne lui rends-je pas grâces aujourd'hui de ce que je n'ai pas attendu d'avoir vu pour croire ! C'est que l'Écriture est l'expression divine des vérités et des maximes qui forment le fond même des choses invisibles et éternelles ; elle est comme une lettre que Dieu a écrite du monde invisible à ses enfants retenus dans le monde visible, pour que, sur la foi de Dieu, ils apprennent dès à présent comment sont les choses et qu'ils agissent en conséquence pour sauver leurs âmes. Ceux qui croient Dieu les sauveront, mais ceux qui ne croient point Dieu, comment les pourraient-ils sauver ? L'Écriture est donc la Parole de Dieu dans le sens le plus élevé et tout ensemble le plus simple et le plus populaire de ce mot. Elle est l'unique règle sûre de la foi et de la vie ; une règle à laquelle toutes les autres doivent être soumises : tout ce qu'il y a de réunions dans le monde, de comités, de conférences, de prières, de recherches communes, n'a aucune valeur qu'autant qu'il est soumis et subordonné à l'autorité souveraine, infaillible, immuable de la Parole de Dieu. Le témoignage que je lui rends ici n'est que le témoignage que lui a rendu, je ne dis pas seulement un Moïse, un David, un saint Paul, un saint Jean, un Augustin, un Chrysostome, et tous les saints de tous les temps ; mais il est le témoignage que lui a rendu Dieu lui-même, et Jésus-Christ qui donne à la Parole de Dieu la même gloire qu'il reçoit d'elle. L'expérience et l'observation, qu'il nous est permis d'invoquer, pourvu que ce soit avec une humble défiance, vient confirmer miséricordieusement tous ces témoignages ; car jamais il n'a été donné à aucun homme ni à aucune réunion d'hommes, de composer un livre, fût-ce un livre très court, qui égale la sainte Écriture, et qui soit capable de produire les mêmes effets de consolation, de sanctification, de conversion ; jamais cela ne sera donné à aucun homme, à aucune réunion d'hommes, à moins que le Saint-Esprit ne les conduise de la façon spéciale dont il a conduit les apôtres et les prophètes. Ce n'est pas une question de sainteté personnelle, puisque cette sainteté que nous venons de reconnaître à l'Écriture n'est pas moindre dans les discours d'un saint Paul que dans ceux de Jésus-Christ lui-même : c'est une question de direction divine. Cette direction divine paraît plus clairement encore quand on considère que ce livre a été écrit dans un ordre tout historique, et que cependant, répandu sur une surface de près de deux mille ans, il a sur chaque point une doctrine suivie et égale à elle-même. La Bible est un livre à part, que nul autre n'a jamais, ne saurait jamais égaler, et elle règne seule sur tous les systèmes, toutes les incertitudes et toutes les questions qui occupent ou agitent l'humanité.

Mais à peine, — j'entre ici dans un nouvel ordre de pensées, — ai-je sanctionné pour ma part le nom de Parole de Dieu que la Bible a reçu de Dieu lui-même et de Jésus-Christ, qu'en examinant de près ce livre, je le trouve plein de l'homme, tant il renferme de marques d'humanité ; et au premier moment je pourrais ressentir une sorte de frayeur, comme si je m'étais engagé trop avant dans le témoignage que je lui ai rendu. Je reconnais en effet chez les écrivains de ce livre une individualité de style et de caractère si marquée, que si par impossible on venait à retrouver aujourd'hui quelque livre perdu qui par erreur n'eût pas jusqu'ici fait partie du canon, il n'y a pas un homme tant soit peu versé dans les saintes Écritures, qui ne fût capable de dire à l'instant s'il est de Jérémie ou d'Ésaïe, de Pierre, de Jean ou de Paul, tant il y a de différences entre ces écrivains, et tant chacun a imprimé son caractère particulier à tout ce qu'il a écrit. J'y trouve bien des choses que les écrivains de ce livre ont pu dire sans un secours particulier de l'Esprit de Dieu (2Tim.4.13 ; etc.) ; et comme Dieu ne fait pas de miracles inutiles, nous voyons là l'esprit de l'homme qui a sa part dans la rédaction de la Parole de Dieu. Il y a plus : j'y trouve des traits qui rappellent l'infirmité humaine, comme lorsque saint Paul cherche à recueillir ses souvenirs, sans oser se fier à leur témoignage pour le nombre des personnes qu'il a baptisées à Corinthe ; mais il ne s'en préoccupe pas, « n'ayant pas été envoyé pour baptiser, mais pour annoncer Jésus-Christ » (1Cor.1.14-17 ; etc.). Il a été clairement dans les vues de Dieu qu'à chaque page de ce livre que nous appelons la Parole de Dieu, on reconnût en même temps une parole d'homme. Mais si un homme qui n'a pas réfléchi peut en concevoir une sorte de frayeur, il ne tardera pas à se rassurer, et à voir au contraire un gage de bénédiction, de lumière, de spiritualité, dans ce qu'il y a d'humain dans la composition des Écritures. Car enfin, comment cela pouvait-il être évité ? Cela ne pouvait être évité que si elle avait été dictée mot à mot, sans influence du caractère personnel ou des événements historiques. Prenons un exemple extrême que je cite avec un profond respect. Quand Dieu place dans la bouche d'un stupide animal des paroles de répréhension contre un prophète infidèle, il est bien évident que sa parole agit sans intermédiaire doué de volonté, et que *l'inspiration* (car c'en est bien une) est d'autant plus visible cette fois que l'instrument en est plus complètement passif. Qu'y a-t-il dans cette inspiration d'un être privé de raison qui se puisse comparer à l'inspiration d'un apôtre, tout imprégnée de son expérience et de ses sentiments personnels ? Une remarque semblable appliquée à tous les degrés de l'échelle intermédiaire, en proportion de l'activité ou de la passivité de l'instrument, ferait comprendre que l'inspiration gagne en intérêt, à mesure qu'elle devient plus personnelle, sans rien perdre en autorité. Aussi, que l'Écriture est plus belle, qu'elle est plus touchante, telle qu'elle a été donnée ! donnée de Dieu dans l'ordre de l'histoire, par le moyen d'hommes dont l'Esprit de Dieu conduit l'esprit, d'hommes semblables à nous qui ont pu dire : « J'ai cru, c'est pourquoi j'ai parlé ; » d'hommes dont on a pu dire par exemple : « Élie était sujet aux mêmes infirmités que nous, et cependant ayant prié avec grande instance qu'il ne plût point, il ne tomba point d'eau sur la terre pendant trois ans et six mois. » La Parole de Dieu étant donnée dans l'histoire à des hommes tels que nous, et n'étant point apportée par des créatures supérieures et invisibles mais par des hommes faibles comme nous, sauvés comme nous, qui ont cru les premiers et qui ont pu dire : J'ai cru ce que je vous exhorte à croire, — a par cela même une vie, une fraîcheur, une puissance qui touche beaucoup plus profondément notre cœur, et forme entre ce cœur et cette Parole une familiarité et comme une amitié secrète, qui fait que le plus solennel de tous les livres en est en même temps le plus tendre et le plus cher : il y a ici une connaissance profonde du cœur de l'homme, et l'une des beautés les plus intimes de la Parole de Dieu. Ainsi la Bible, pour avoir été composée par de simples hommes, qui n'ont pas cessé en l'écrivant de combattre contre le péché et de dépendre personnellement de la foi qu'ils annonçaient, non seulement n'en est pas moins la Parole de Dieu, mais elle est d'autant plus divine qu'elle est plus humaine ; c'est-à-dire qu'on y sent d'autant plus la puissance et la présence de l'Esprit de Dieu et son influence sur nos âmes, que Dieu s'est servi, pour l'écrire, d'organes en qui son Esprit a seul pu opérer cette puissance et cette lumière surnaturelle, pour en faire des vaisseaux destinés à porter la vérité jusqu'au bout du monde. C'est par là que l'Écriture sainte gagne jusqu'au plus profond de nos cœurs ; et que tout en nous instruisant de la part de Dieu, elle nous instruit en même temps par les hommes, — réunissant à la fois toutes les conditions capables de toucher, d'éclairer, de convertir à Dieu, de soustraire aux ténèbres du siècle et d'accomplir tout en tous.

Il y a, mes chers amis, — et c'est ma dernière pensée, — il y a un contraste, ou plutôt un rapprochement, qui pour le chrétien achève d'éclaircir tout ensemble et de confirmer ce que je viens de dire : c'est la vue que nous avions dimanche dernier, et que l'Écriture nous donne partout, de Jésus-Christ, réunissant en soi la nature divine et la nature humaine d'une façon si merveilleuse que nous n'en pouvons pas rendre compte, mais qui est pourtant le fondement et la consolation de notre foi. Dimanche dernier, nous avons commencé par considérer Jésus-Christ dans sa perfection humaine, après quoi nous l'avons contemplé dans sa divinité. Supposez que nous eussions renversé cet ordre, que nous eussions parlé d'abord de la nature divine de Jésus-Christ, et de l'obligation où nous sommes de l'adorer comme Dieu lui-même, et qu'ensuite nous eussions fait pour la première fois cette réflexion : Mais Jésus-Christ est un homme, capable de souffrir, de mourir, — je ne sais quelle crainte aurait pu également se glisser dans notre âme, comme si nous lui avions trop attribué de divinité. Mais, ainsi que nous l'avons vu dans cette même allocution de dimanche, l'Écriture nous fait voir partout que cette parfaite divinité s'allie en lui avec la parfaite humanité, et que l'une relève le prix de l'autre, sans en compromettre en rien la réalité. Elle nous révèle même qu'il est d'autant plus homme qu'il est plus Dieu, et d'autant plus Dieu qu'il est plus homme. Car quels sont les moments dans lesquels Jésus-Christ est le plus homme ? N'est-ce pas dans la tentation du désert, dans l'angoisse de Gethsémané, et dans l'affreuse agonie de la croix ? Et ne sont-ce pas là aussi les moments où il est le plus Dieu, vainqueur qu'il est du tentateur, surmontant la douleur et triomphant de la croix, par la puissance de l'Esprit de Dieu, qui habite en lui, non pas avec mesure comme en nous, mais sans mesure comme dans le Fils unique du Père ? — Les choses se passent d'une manière semblable pour la Parole de Dieu : c'est une Parole de Dieu, sa Parole véritable, éternelle, et en même temps c'est une parole d'homme, où l'on sent reluire l'esprit de l'homme et battre le cœur de l'homme. Et c'est pour cela qu'on peut dire qu'elle est d'autant plus divine qu'elle est plus humaine, parce que c'est précisément dans les moments où l'on sent le mieux dans un saint Paul, dans un saint Jean, par exemple, le combat de la foi, la lutte persévérante contre le péché, qu'on sent le mieux aussi combien est divine la lumière répandue dans leurs âmes, premièrement pour lutter pour leur propre compte, et puis pour répandre avec une vertu divine cette lumière dans le monde entier.

Que ce rapprochement entre Jésus-Christ et l'Écriture sainte me paraît admirable ! Au reste, c'est un rapprochement, vous pouvez le croire, que je n'ai pas tiré de mon cerveau, mais qui m'est fourni par la Parole de Dieu elle-même. Pour celui qui sait qu'elle « ne parle point en vain, » il suffit de se rappeler une chose bien étonnante : c'est que les Écritures donnent parfois le même nom à Jésus-Christ et à l'Écriture sainte : elles les appellent l'une et l'autre la *Parole de Dieu*. L'une de ces paroles, Jésus-Christ, est la Parole vivante de Dieu, la manifestation personnelle de ses perfections invisibles au sein de l'humanité ; l'autre, l'Écriture, est la Parole écrite de Dieu, manifestation verbale donnée par le langage de ces mêmes perfections invisibles. Elles sont inséparables pour nous : car ni Jésus-Christ ne nous est révélé que par l'Écriture, ni l'Écriture ne nous est donnée que pour nous révéler Jésus-Christ. Ainsi l'Écriture est la Parole écrite de Dieu, comme Jésus-Christ est la Parole vivante de Dieu. Ceux qui s'appuient des caractères humains de l'Écriture pour en méconnaître la divinité, raisonnent comme ceux qui s'appuient sur la personnalité humaine de Jésus-Christ pour lui refuser le titre de

Dieu, faute de comprendre que la nature humaine et la nature divine sont unies dans la personne de Jésus-Christ, comme la parole humaine et la parole divine sont unies dans les Écritures. Il n'est pas plus étonnant que l'Écriture, quoique parole de Dieu, porte en même temps tant de traces d'humanité, qu'il ne l'est que Jésus-Christ, quoique Dieu, soit homme. Quant à la manière dont se fondent les deux natures dans un cas et les deux voix dans l'autre, c'est le fond même de l'objet de la foi sur ce point, mystère profond, mais, nous dit saint Paul, « mystère de piété, » et qui remplit notre âme de joie et d'espérance.

Oui, l'Écriture est l'unique chemin par lequel nous puissions arriver à connaître Jésus-Christ sans danger d'erreur, comme Jésus-Christ est l'unique chemin par lequel nous puissions arriver au Père. Oui, si vous voulez sauver vos âmes, il faut croire à la Parole de Dieu ; il faut vous soumettre à la Parole de Dieu ; il ne faut rien chercher au dedans de vous-mêmes sous quelque beau nom que ce soit, raison, intelligence, sentiment, conscience, qui domine, qui juge, qui contrôle la Parole de Dieu, il ne s'agit pas de la contrôler, il s'agit d'être contrôlé par elle. Les plus grands de tous les serviteurs de Dieu sont ceux qui s'abaissent devant cette Parole, des saint Paul, des David, des Luther, des Calvin, jaloux de s'humilier devant elle jusque dans la poudre, et s'ils le pouvaient, plus bas encore.

Qu'elle règne donc sans partage, cette Parole de mon Dieu Sauveur, à laquelle je suis si heureux de pouvoir rendre encore ce témoignage, « avant que je m'en aille et que je ne sois plus, » — en attendant que ce drapeau de la vie éternelle que nous ne savons ici-bas ouvrir qu'à demi, achève de se déployer pour nous dans la pure et sereine lumière d'en haut !

XXI
Le Saint-Esprit.

(2 mars 1856)

━━◦○◦━━

Quelle grâce, mes bien-aimés, si nous savions l'entendre, que de recevoir ce pain et ce vin que le Seigneur nous donne lui-même, présent quoique absent, et plus présent, étant absent, que s'il était présent : « Ceci est mon corps rompu pour vous, ceci est mon sang répandu pour vous. » Désormais c'est par l'union étroite avec le Seigneur, c'est par la possession de son corps et de son sang, que nous sommes appelés à faire son œuvre. C'est dans son corps meurtri et dans son sang répandu que nous sommes appelés à souffrir toutes les angoisses et toutes les douleurs de la chair ; et renouvelés par le Saint-Esprit en celui qui nous appelle à sa communion éternelle par la communion présente et visible, nous avons pour l'œuvre de Jésus la force de Jésus, la grâce de Jésus, et la nature divine de laquelle nous avons été faits participants en Jésus par les promesses de la foi. Hélas ! nous sommes des gens de petite foi ! Quel spectacle donnerions-nous au monde si nous étions des gens de grande foi, d'une foi capable d'exciter, comme celle du centenier, l'admiration ou l'étonnement du Seigneur lui-même ! d'une foi qui, en saisissant Jésus-Christ, saisirait en lui la vie éternelle et tous les trésors de grâce qui sont déposés en ce Sauveur miséricordieux !

Nous nous occupions il y a quelques jours, mes chers amis, en considérant les pensées dans lesquelles se repose le chrétien quand il arrive à ce moment auquel on faisait allusion, et que, touchant à la fin de sa carrière, il dit au Seigneur dans sa petite mesure : « J'ai achevé l'œuvre que tu m'as donnée à faire » (il le dit, si toutefois il a été fidèle dans sa petite mesure) ; — nous considérions, dis-je, la puissance et la vérité de cette Parole par laquelle le Seigneur s'est révélé à nous, et par laquelle jour après jour il nourrit nos âmes, en sorte qu'elle nous est comme une communion perpétuelle par laquelle nous vivons de la vie de Jésus-Christ et nous accomplissons l'œuvre de Jésus-Christ. Mais ne l'oublions pas, et apprenons-le, soit des déclarations de la Parole de Dieu, soit des humiliantes expériences de notre vie, cette Parole, toute puissante et toute divine qu'elle est, qui faisait dire à Job : « Oh ! combien sont fortes les paroles de l'Éternel, » n'a de force qu'autant qu'elle est appliquée à nos âmes par cet Esprit qui l'a fait déposer sur les pages du livre, qui a opéré dans le cœur d'un Ésaïe et d'un Jérémie, d'un saint Paul et d'un saint Jean, et qui, les ayant choisis pour organes, les a conduits pour donner à toutes les générations humaines, sans danger d'erreur, la vérité éternelle ; cette Parole a besoin d'être récrite dans nos cœurs, et d'y être comme fixée par ce même Esprit, sans quoi elle est pour nous comme une parole morte et sans effet. Nous pourrions relire les saintes Écritures pendant des années que nous n'en recueillerions aucune bénédiction réelle, et que nous nous étonnerions de la voir si peu puissante, si peu justifiée par l'expérience, si le Saint-Esprit ne nous l'explique et ne nous l'applique, en venant demeurer en nous. Or, ce même Esprit, qui nous applique et qui nous explique la Parole de Dieu, est aussi celui qui opère en nous tout le reste. L'œuvre du Père qui nous a gratuitement sauvés, l'œuvre du Fils qui nous a rachetés par son sang, deviennent vaines sans l'œuvre du Saint-Esprit, qui ouvre notre âme pour croire au Père et au Fils, et pour mettre en pratique ces paroles de vie. L'homme, le cœur de l'homme nous est représenté par l'Écriture, où tout est grand, infini, éternel, comme un théâtre qui excite l'attention des saints anges et du Seigneur lui-même, et dans lequel se livre un combat continuel entre les puissances de l'enfer et les puissances du ciel, qui n'est que le renouvellement de ce grand combat qui s'est livré entre ces mêmes puissances dans la vie intérieure et extérieure de notre Seigneur Jésus-Christ, dans lequel il a été rendu complètement vainqueur, et nous a rendus nous-mêmes capables d'être, en celui qui nous a aimés, plus que vainqueurs à notre tour. Ainsi nous sommes ou les esclaves et les dépositaires de l'esprit de ténèbres, ou les esclaves, les bienheureux esclaves et les riches dépositaires de l'Esprit de lumière et de vie, et c'est à nous de choisir l'un par l'incrédulité ou l'autre par la foi, car il est écrit : « J'ai mis devant vous le bien et le mal, choisissez. » Mais il y a cette différence bien digne de la miséricorde de Dieu que, tandis que l'esprit de Satan, quelque ingénieux qu'il soit pour solliciter toutes les entrées et toutes les portes de nos cœurs, n'est pourtant jamais capable de s'unir entièrement à notre esprit et d'être un avec lui, — l'Esprit de Dieu daigne pénétrer au dedans de nous et s'unir tellement avec nous que nous devenons les temples du Saint-Esprit, et qu'étant remplis de l'Esprit de Jésus-Christ, nous sommes rendus capables de faire les œuvres qu'il a faites, et d'en faire même en un sens de plus grandes, ainsi qu'il l'a dit lui-même, en annonçant la promesse du Saint-Esprit : « Celui qui croit en moi fera les œuvres que je fais, et il en fera même de plus grandes ; » si bien que Jésus déclare à ses disciples qu'à cause de cet Esprit qu'ils attendent de sa part, il vaut mieux pour eux qu'il s'en aille : « Il vaut mieux pour vous que je m'en aille. » O mon Sauveur ! que de fois j'ai souhaité de t'avoir près de moi comme Pierre et Jean, et de pouvoir m'approcher de toi, m'entretenir avec toi et te consulter ! Mais voici que tu me l'as déclaré toi-même, il y a un don si précieux qu'avec lui il vaut mieux pour moi que tu t'en ailles, et ce don, tu me l'as fait par le Saint-Esprit. — Qui sont ceux qui connaissent et qui apprécient le don du Saint-Esprit ? Ce qu'on peut dire, c'est que Dieu accorde à l'Église fidèle contemporaine la grâce de sentir combien elle a peu apprécié et possédé cet Esprit créateur qui n'est autre que Dieu lui-même venant demeurer en nous et y faire toutes choses nouvelles, cet Esprit à qui rien n'est impossible. Heureux celui qui croit et qui ne doute point ! Si j'ai à vaincre une tentation redoutable, ce n'est pas moi qui dois la vaincre, c'est l'Esprit de Dieu que j'appelle en moi par la prière. Si j'ai à supporter des douleurs insupportables pour la chair, ce n'est pas moi qui ai à les supporter, c'est l'Esprit de Dieu que j'appelle en moi par la prière. Si j'ai à revêtir cet esprit d'amour si contraire à notre égoïsme naturel, ce n'est pas moi qui exercerai cette puissance d'amour, c'est l'Esprit de Dieu appelé en moi par la prière, et de même de tout le reste ; en sorte que pour douter que nous puissions, par le Saint-Esprit, accomplir l'œuvre à laquelle nous sommes appelés, il faudrait commencer par douter, premièrement que Dieu soit fidèle dans ses promesses, et puis qu'il possède la puissance nécessaire pour les accomplir. O mes amis, disait un chrétien mourant, nous n'avons, même dans nos meilleurs jours, que les yeux à demi ouverts ; et j'applique tout particulièrement cette parole à la vertu et à la puissance du Saint-Esprit : car si nous avions les yeux bien ouverts pour le voir et pour l'apprécier, y aurait-il parmi nous tant de gémissements et de plaintes, et ne nous verrait-on pas toujours remplis de la puissance de la communion de Christ pour accomplir notre œuvre ? Mes amis, voyez la place que le Saint-Esprit occupe dans les Écritures, voyez celle qu'il occupe dans les promesses de Jésus-Christ à ses apôtres, le passage qu'il opère des Évangiles aux Actes, et le changement immense qu'il produit dans les apôtres eux-mêmes, pour montrer à tous les disciples de toutes les générations ce qu'il est capable de faire dans tous les temps. Le Saint-Esprit est la grande promesse du Nouveau Testament ; c'est lui qui met le comble à tout le reste. Élus du Père, rachetés du Fils, si nous venons à être remplis du Saint-Esprit et à vivre de sa vie, alors, et seulement alors, nous sommes mis en possession de notre héritage, en attendant que nous recueillions dans un monde meilleur et sous un ciel plus serein la plénitude de cet héritage, dégagé d'avec toutes les infirmités de la chair et de la terre, et que nous ne soyons plus que les temples du Saint-Esprit, tellement que nos corps mêmes soient appelés des corps glorieux et spirituels. Tombe bientôt, corps de poussière et de péché, pour faire place à ce corps glorieux, à ce corps spirituel, dans lequel nous accomplirons la volonté de Dieu avec la perfection de Jésus-Christ lui-même, et nous connaîtrons, par la lumière du Saint-Esprit, tous les dons du Saint-Esprit et toutes ses grâces ; nous les connaîtrons pour en jouir, et surtout pour avoir appris à aimer comme nous fûmes aimés !

XXII

Tout en Jésus-Christ.

(9 mars 1856)

Lecture de 1Corinthiens 2.1-10

Pour moi donc, mes frères, quand je suis venu vers vous, je n'y suis point venu avec excellence de parole et de sagesse humaine, en vous annonçant le témoignage de Dieu ; parce que je ne me suis proposé de savoir autre chose parmi vous que Jésus-Christ, et Jésus-Christ crucifié. Et j'ai même été parmi vous dans la faiblesse, dans la crainte et dans un grand tremblement. Et ma parole et ma prédication n'a point été en paroles persuasives de la sagesse humaine, mais en évidence de l'Esprit et de puissance ; afin que votre foi ne soit point de la sagesse des hommes, mais de la puissance de Dieu. Or, nous proposons une sagesse entre les parfaits, une sagesse, dis-je, qui n'est point de ce monde, ni des princes de ce siècle, qui vont être anéantis. Mais nous proposons la sagesse de Dieu, qui est en mystère, c'est-à-dire cachée, laquelle Dieu avait, avant les siècles, déterminée à notre gloire, et laquelle aucun des princes de ce siècle n'a connue ; car s'ils l'eussent connue, jamais ils n'eussent crucifié le Seigneur de gloire. Mais, ainsi qu'il est écrit : Ce sont des choses que l'œil n'a point vues, que l'oreille n'a point ouïes, et qui ne sont point montées au cœur de l'homme, lesquelles Dieu a préparées à ceux qui l'aiment. Mais Dieu nous les a révélées par son Esprit ; car l'Esprit sonde toutes choses, même les choses profondes de Dieu.

En recueillant avec vous, mes chers amis, et comme sous vos yeux, les résultats dans lesquels m'a affermi l'expérience de la vie et du ministère évangélique, et l'étude de la Parole de Dieu, je disais dimanche dernier : Tout par le Saint-Esprit ; disons aujourd'hui : Tout en Jésus-Christ. On est porté quelquefois à se représenter Jésus-Christ comme ayant seulement ouvert pour nous la porte du ciel, et puis nous ayant en quelque sorte abandonnés pour y marcher par nous-mêmes ; mais c'est une vue bien étroite que celle-là de ce que le Seigneur a fait et de ce qu'il est pour nous ; et saint Paul avait assurément de plus hautes pensées lorsqu'il écrivait : « Je n'ai voulu savoir autre chose parmi vous que Jésus-Christ, et Jésus-Christ crucifié. » Pour lui, Dieu tout entier se résume en Jésus-Christ, et Jésus-Christ tout entier se résume dans sa croix. Et ailleurs : « Il nous a été fait de la part de Dieu sagesse, justice, sanctification et rédemption, » où nous voyons que Jésus-Christ ne nous a pas été donné seulement pour effacer nos péchés par son sang une fois répandu, mais qu'il nous a été donné encore, une fois réconciliés avec Dieu par ce précieux sang, pour nous conduire, pour nous sanctifier, pour nous remplir de sagesse, et pour accomplir tout en tous. Et encore : « Toute la plénitude de la divinité habite en lui corporellement ; » c'est dans la chair, c'est sous une forme visible que Dieu habite en Christ, mais il y habite tout entier, avec toute sa gloire et toutes ses perfections éternelles. Et ailleurs encore, dans un autre passage bien profond du même apôtre : « Toutes choses sont à vous, et vous à Christ, et Christ à Dieu, » où nous voyons Dieu, par une admirable, une merveilleuse hiérarchie, à la tête de l'organisation tout entière de la vérité éternelle, envoyant et conduisant son Fils, et son Fils à son tour nous appelant et nous adoptant à lui, afin qu'au nom de ce Fils nous dominions sur toutes choses, et que nous possédions l'univers tout entier du droit de membres de celui auquel l'univers tout entier est soumis. « Toutes choses sont à vous, » premier degré ; « et vous à Christ, » second degré ; « et Christ à Dieu, » premier ou troisième degré, degré suprême auquel tout le reste se rattache et duquel tout le reste dépend. Que nous voilà loin maintenant de la pensée de ceux qui se représentent Jésus-Christ comme ayant accompli seulement un acte, l'acte principal du salut! Jésus-Christ est le Dieu de l'homme, comme l'a si bien dit Pascal dans quelques pages où il développe d'une manière profondément chrétienne la place que Jésus-Christ occupe entre Dieu et nous; il est le Dieu de l'homme; il est Dieu qui s'est donné à nous; il s'est donné tout entier; et quand nous possédons Jésus-Christ par une foi véritable, nous ne possédons rien moins que Dieu lui-même, et en lui la vie éternelle : « Celui qui a le Fils a la vie... Dieu nous a donné la vie éternelle, et « cette vie est en son Fils. » — Aussi quel que soit le besoin qu'il s'agisse de satisfaire dans nos âmes et dans notre existence tout entière, terrestre et éternelle, nous le trouvons en Jésus-Christ. S'agit-il avant tout d'effacer nos péchés? Il les a effacés par son sang. Il n'y a qu'une chose au monde qui efface les péchés : ce ne sont pas nos pénitences, ce n'est pas notre repentir, ce ne sont pas nos aumônes et nos bonnes œuvres, ce ne sont pas même nos prières, — c'est le sang de Jésus-Christ : « Le sang de Jésus-Christ nous purifie de tout péché. » Tout péché que le sang de Jésus-Christ a couvert est à jamais anéanti devant Dieu. Dieu lui-même ne le voit plus : je pourrais employer des expressions plus fortes encore sans m'écarter de l'Écriture. « Dieu lui-même les cherche, dit un prophète, et ne les trouve plus... Il a jeté nos péchés derrière son dos » pour ne plus les contempler. « Il les a précipités au fond de la mer; » et nous contemplant en Christ, il nous contemple sans péché comme Christ lui-même qui « a été fait péché pour nous, afin que nous fussions justice de Dieu en lui. » — S'agit-il d'être consolés dans nos peines? Nous allons à Jésus-Christ; il a souffert comme nous, plus que nous, infiniment plus que nous ne pouvons souffrir, infiniment plus que nous ne pouvons concevoir qu'on puisse souffrir; toutes nos douleurs ne sont qu'un petit ruisseau détaché du fleuve de sa douleur infinie, comme c'est aussi de sa croix que coule toute consolation et toute miséricorde; et c'est vers l'homme de douleurs que nous allons chercher la consolation et la paix, sachant qu'il sait ce que c'est que la langueur, sachant qu'en nous approchant de lui nous trouverons non seulement le soulagement de nos douleurs, mais que nous y verrons des bénédictions véritables, et que nos afflictions les plus amères seront trouvées à la fin ses grâces les plus signalées. — S'agit-il de la lumière et de la sagesse, de la force et de la résistance au péché; s'agit-il de ce monde ou s'agit-il de l'autre, tout est en Christ : ayant Christ nous avons toutes choses, mais privés de lui nous n'avons absolument rien. C'est pour cela que l'apôtre saint Paul, dans ce passage si merveilleux que je vous citais tantôt, dit : « Toutes choses sont à vous, et vous à Christ, et Christ à Dieu. » Toutes choses sont à vous, si vous êtes à Christ, qui est à Dieu. Ce n'est pas le rapport de Dieu à Christ qui sera contesté par personne; ce n'est pas le rapport de Christ à nous, si nous sommes de vrais chrétiens, qui pourra être contesté. Eh bien, qu'en résulte-t-il? que toutes choses sont à nous. Je suis pauvre? Toutes les fortunes de ce monde sont à moi; car elles sont à Christ, qui est à Dieu, et qui saurait bien me donner avec lui et par-dessus lui toutes les fortunes de la terre si elles m'étaient utiles. Si au lieu des richesses il me donne la pauvreté, c'est qu'elle est ce qu'il y a de meilleur pour moi, et le résultat du choix de Dieu. Tout le monde entier avec toutes ses gloires et sa puissance m'appartient, car ils appartiennent à mon Père, qui me les donnera demain, et qui pourrait me les donner aujourd'hui, si cela m'était bon, car il en dispose à son gré. Je suis malade? La santé est à moi, la force est à moi, le bien-être est à moi, une jouissance parfaite de tous les biens de la vie est à moi; car tout cela est à Christ, qui est à Dieu, et qui en dispose à son gré. Pour qui en disposerait-il, si ce n'est pour moi, son enfant? Que si donc il me les refuse aujourd'hui, pour un moment fugitif qui passe comme une navette de tisserand, c'est qu'il a ses raisons pour cela; c'est qu'il y a dans ces douleurs et dans cette amertume des bénédictions cachées qui valent mieux pour moi que cette santé si précieuse et ce bien-être si doux. Il ne me prive jamais d'aucun bien que pour m'en accorder quelque autre meilleur : c'est là ma consolation, elle est toute dans son amour. S'agit-il de la sagesse et des lumières ? Eh bien, quand même je serais ignorant toute ma vie, que je n'aurais pas eu l'occasion de cultiver mes facultés dans le monde, je suis savant en Christ. Connaissant Christ, je suis plus éclairé et plus illuminé des choses de Dieu que l'homme de ce monde qui a pâli une vie entière sur ses livres ; car je connais cette lumière incréée, éternelle, qu'il ne connaît pas, qui est la lumière dans laquelle se réjouit Dieu lui-même, et par laquelle je suis conduit infailliblement à travers toutes les obscurités de la vie. Je vous défie de trouver quelque chose dont je ne puisse pas dire : Cela est à mon Père, donc cela est à moi ; s'il me le refuse aujourd'hui, il me le donnera demain : je me fie à son amour. Tout est à moi si je suis à Christ. — Aussi remarquez que saint Paul dit dans le chapitre que nous avons lu en commençant : « Je n'ai voulu savoir autre chose parmi vous que Jésus-Christ, et Jésus-Christ crucifié. » O mes amis, ne soyons pas assez ingrats pour oublier que c'est sous la croix et par la croix que Jésus-Christ nous a acquis et mérité cette immense félicité que j'essaye de décrire, et que je ne réussis pas même à entrevoir ou à concevoir. C'est par son sang versé, c'est par ses souffrances inimaginables qu'il a tout accompli pour nous. Son amour est le principe de notre délivrance et de notre rédemption tout entière : voilà le Sauveur. C'est par là que nous avons commencé, c'est par là qu'il faut finir. Nous venons à sa croix, nous nous asseyons sous sa croix, nous ne voulons pas que rien au monde nous arrache de cette place, nous y voulons vivre et nous y voulons mourir. Chers amis, — bientôt toutes les scènes de ce monde auront passé. Nous avons de l'angoisse au monde, mais ayons bon courage : Jésus-Christ a vaincu le monde ; l'homme fort a été lié par un plus fort que lui ; et maintenant nous voici en la présence de Christ qui nous a rachetés par son sang, et qui nous attend pour nous combler de gloire et de félicité. Ne voulez-vous pas de sa gloire ? Ne voulez-vous pas de son amour ? Connaissez-le tel qu'il est. Embrassez-le tout entier par une foi sincère, afin que vous réalisiez ces paroles admirables de l'Apôtre que nous avons un instant méditées ; que vous soyez heureux dans la vie et plus heureux dans la mort, et que cette vie si triste pour l'homme du monde soit pour vous une existence dont la lumière et la paix ira toujours croissant jusqu'au jour de Christ, auquel soit rendu la louange, l'honneur et la gloire, et par-dessus tout l'hommage de nos cœurs, et d'un amour répondant, s'il se peut, au sien !

XXIII
La Trinité.

(16 mars 1856)

Lecture de Romains 8.12-17

> Ainsi donc, mes frères, nous sommes débiteurs, non point à la chair, pour vivre selon la chair, car si vous vivez selon la chair, vous mourrez ; mais si par l'esprit vous mortifiez les actions du corps, vous vivrez. Or tous ceux qui sont conduits par l'Esprit de Dieu, sont enfants de Dieu. Car vous n'avez point reçu un esprit de servitude, pour être encore dans la crainte ; mais vous avez reçu l'esprit d'adoption, par lequel nous crions Abba, père. C'est ce même Esprit qui rend témoignage avec notre esprit que nous sommes enfants de Dieu. Et si nous sommes enfants, nous sommes donc héritiers, héritiers, dis-je, de Dieu et cohéritiers de Christ, si nous souffrons avec lui, afin que nous soyons aussi glorifiés avec lui.

L'Écriture sainte est sage jusque dans son silence. Vous y chercheriez en vain le mot *trinité* pour exprimer la doctrine sur laquelle, si Dieu m'en prête la force, j'ai à cœur de vous dire quelques mots. Pourquoi ? parce que ce mot *la trinité* présenterait à nos esprits l'idée de quelque chose de spéculatif, tandis que cette doctrine, qui a été plus tard appelée par la théologie humaine, et très bien appelée, du nom de trinité, est tout ce qu'il y a au monde de plus pratique et de plus tendre, parce que c'est l'expression même de l'amour qui est en Dieu, soit dans ses rapports avec l'humanité, soit dans les rapports intérieurs de Dieu avec lui-même. Le principe de notre salut est dans l'amour de Dieu. « Nous l'aimons, parce qu'il nous a aimés le premier ; — Dieu est amour, » et cet amour s'est manifesté à nous dans l'œuvre de notre salut ; mais il s'est fait connaître non seulement comme nous sauvant, mais comme existant de toute éternité dans le sein de Dieu, et faisant sa félicité éternelle avant de faire la nôtre et celle de toutes ses créatures fidèles. Lorsqu'on veut se rendre compte de la manière dont l'amour de Dieu opère envers ses pauvres créatures perdues, pour leur donner la vie éternelle qu'elles ont perdue par leurs œuvres, il n'y a qu'à suivre tout simplement l'ordre historique dans lequel Dieu nous a donné ses révélations, et a inspiré ses Écritures à ses apôtres, après l'avoir fait à ses prophètes. C'est ainsi que nous trouvons d'abord le Dieu de l'Ancien Testament, puis le Dieu des Évangiles, et le Dieu des épîtres et de la prophétie évangélique.

Dans l'Ancien Testament, nous apprenons déjà, ce qui devrait suffire pour remplir nos cœurs de joie (ô mon Dieu ! déploie ta force dans mon infirmité ! …) — nous y apprenons ce qui devrait suffire pour remplir nos cœurs de joie : c'est que tout indignes que nous nous sommes rendus de son amour, Dieu nous a pourtant aimés. Nous aurions mérité mille et mille fois qu'il se déclarât contre nous : et si quelqu'un n'était pas pénétré de cette pensée, il n'a qu'à relire les prophètes, Ézéchiel en particulier, qui sont tout remplis de cette doctrine terrible des jugements de Dieu que les Israélites ont attirés sur eux par leurs œuvres mauvaises, mais qu'ils n'avaient pas plus mérités que le reste des hommes dont leur histoire est comme le miroir. Mais voici qu'au lieu de se déclarer contre nous, Dieu se déclare pour nous ; et nous apprenons que là où nous ne devions nous attendre à trouver qu'un trésor de colère, nous trouvons un trésor de miséricorde. Le Dieu tout-puissant qui a créé le ciel et la terre, l'auteur du monde visible et du monde invisible, est *pour nous* tout entier ; il ne demande qu'à nous sauver ; et quiconque veut entrer dans ses pensées, confesser ses péchés et se soumettre à sa grâce, possédera la vie éternelle comme s'il n'avait point péché ; ou plutôt il la possédera, ayant péché mais ayant été réconcilié, avec un sentiment nouveau de la miséricorde qui est en Dieu. C'est ainsi que Dieu se révèle à nous dans l'Ancien Testament, et que soulevant ce pesant fardeau de la colère divine, l'amour divin perce partout ; ces mêmes prophètes qui dénoncent ces jugements terribles ne peuvent pas soutenir longtemps ce langage, et ils finissent toujours par des paroles de miséricorde. Vous trouverez cela d'une manière très remarquable dans le prophète Michée, qui, dans la brièveté de ses pages, développe avec une plénitude admirable le plan de la condamnation, de la prophétie, et du salut dans lequel il finit par se reposer.

Arrivent les Évangiles prédits par les prophètes. Alors Dieu fait un pas de plus : il s'approche de nous, il ne se contente pas de nous déclarer comme de loin qu'il est pour nous, mais il vient de tout près vivre avec nous, comme l'un d'entre nous, Fils de l'homme, pris d'entre les hommes, tout Fils de Dieu qu'il est ; et après avoir été pour nous, il est *avec nous*, tout près de nous, comme un ami et un frère, avec lequel, selon l'expression du Psaume 55, nous pouvons « communiquer tous nos secrets. » Alors Dieu se montre à nous sous un aspect plus tendre encore et plus rassurant que nous ne l'avions vu dans l'Ancien Testament, surtout lorsque cet ami et ce frère vient à achever de nous révéler la doctrine de la justice divine et de la miséricorde divine, en mourant pour nous sur la croix et en y effaçant nos péchés. Mais tandis qu'un rapport si tendre se déploie de Dieu à nous, un autre rapport se déploie dans le sein de Dieu lui-même, et nous apprenons que celui qui nous rachète est le Fils de celui qui veut nous sauver, et qu'il y a entre Dieu tel qu'il s'est montré dans l'Ancien Testament et Dieu tel qu'il apparaît dans les

Évangiles, le touchant rapport d'un père à son fils : rapport que nous ne pouvons en Dieu sonder jusqu'au fond, mais que nous pouvons discerner du moins être quelque chose d'ineffablement tendre et mystérieux tout à la fois. Remarquez bien que l'un de ces rapports ne saurait aller sans l'autre, et que nous ne comprendrons jamais ce que Dieu est pour nous en Jésus-Christ, si nous n'entrevoyons pas ce que Jésus-Christ est pour Dieu, — d'autant plus qu'il y a ici quelque chose qui ne doit pas nous échapper. Nous ne comprenons dans sa plénitude l'esprit d'amour que comme esprit de sacrifice : or, en Dieu, semble-t-il, il ne peut y avoir de sacrifice ; car que pourrait-on prendre sur un seul moment de sa félicité éternelle ? Mais voici que dans la personne de son Fils, le Seigneur des seigneurs nous donne l'exemple du sacrifice ; voici que celui qui est le Fils du Père est en même temps « l'homme de douleurs ; » et que là où « la plénitude de la divinité a habité corporellement, » l'ineffable immensité de la douleur dont l'humanité est capable, — mais dont elle n'est capable que dans cette union avec la divinité, — se déploie à nos regards touchés et reconnaissants. Et ne voyez-vous pas que cette doctrine si touchante disparaît complètement si le Fils n'est pas un avec le Père, et que tout ce qui excite notre tendre reconnaissance pour le Seigneur Jésus-Christ tient à ce qu'il est véritablement Fils de Dieu, c'est-à-dire Dieu, comme il est Fils de l'homme, c'est-à-dire homme ?

Viennent les épîtres et la prophétie évangélique ; et comment s'ouvrent-elles ? Par la descente du Saint-Esprit, qui fonde l'Église tout en se répandant sur elle. C'est le troisième et dernier pas, car on n'en saurait concevoir d'autre, que Dieu fait vers sa pauvre créature déchue. Il était avec elle, et le voici qui vient s'établir en elle, et se faire tellement un avec nous, que de ces pauvres corps nés de la poussière et devenus esclaves du péché, il forme des temples de son Esprit, le domicile de Dieu où il se complaît à reposer. Le Saint-Esprit, c'est-à-dire Dieu, vient se donner à nous, après avoir été pour nous dans l'Ancien Testament, et avec nous dans les Évangiles : c'est le dernier excès de l'amour divin qui ne peut se contenter qu'il ne se soit fait un avec nous, et qu'il ne soit venu demeurer en nous, « lui en nous, et nous en lui. » Et ici encore, remarquez, mes chers amis, que toute la puissance de cette doctrine de vie disparaît, si le Saint-Esprit, au lieu d'être Dieu lui-même, n'était qu'une émanation de Dieu, qu'une action de Dieu, qu'un don de Dieu ; car ce ne serait alors que rappeler ce que nous savons abondamment par l'Ancien Testament et par les Évangiles sur la puissance et sur la grâce que Dieu peut et veut nous communiquer ; tandis que le Saint-Esprit tel qu'il se révèle à nous dans les épîtres et dans la fin du Nouveau Testament et dans les promesses de Jésus-Christ à ses disciples, étant Dieu lui-même, c'est la puissance de Dieu qui nous fortifie, c'est la paix de Dieu qui nous console, c'est la sainteté de Dieu qui nous affranchit du mal, c'est la vie de Dieu qui fait battre notre cœur. — Oh ! qui pourrait mesurer et comprendre l'immensité de ce progrès du dernier chapitre de l'Évangile au premier chapitre des Actes, et se rendre compte de cette marche admirable de la révélation et des dons divins, dans les trois parties des saintes Écritures que nous venons de parcourir, hélas ! si rapidement pour le sujet, quoique trop longuement pour les petites forces de celui qui vous parle ! Admirable vue, que je ne puis qu'indiquer. Le rapport du Père, du Fils et du Saint-Esprit à l'homme, correspond à un rapport du Père, du Fils et du Saint-Esprit en Dieu, et l'amour qui se répand pour nous sauver, est l'expression de l'amour qui a habité éternellement dans le sein de Dieu. Ah ! que la doctrine que nous contemplons devient alors touchante et profonde ! C'est là le fond de l'Évangile, et ceux qui la rejettent comme une doctrine spéculative et purement théologique, n'y ont donc jamais rien compris ; c'est la force de notre cœur, c'est la joie de notre âme, c'est la vie de notre vie, c'est le fondement même de la vérité révélée.

Je suis obligé de m'arrêter et de laisser à vos méditations les choses que j'aurais voulu ajouter ; et je me borne à vous rappeler en finissant un mot que j'ai souvent cité en chaire, mais que quelques-uns de ceux qui sont ici peuvent n'avoir pas entendu, et qui résume admirablement toute cette doctrine. Un Père de l'Église disait : « Nous avons dans l'Ancien Testament *Dieu pour nous*, dans les Évangiles *Dieu avec nous*, et dans les Actes et les Épîtres *Dieu en nous.* » C'est ce Dieu pour vous, avec vous et en vous ; c'est le Père, le Fils et le Saint-Esprit, que je vous souhaite, comme à moi-même, pour vivre et pour mourir, du plus profond d'un cœur qui vous est dévoué en Jésus-Christ !

XXIV

La résurrection.

(23 mars 1856. Pâques)

※

Lecture de Ephésiens 2.1-10

Lorsque vous étiez morts en vos fautes et en vos péchés, dans lesquels vous avez marché autrefois, suivant le train de ce monde, selon le Prince de la puissance de l'air, qui est l'esprit qui agit maintenant avec efficace dans les enfants rebelles ; entre lesquels aussi nous avons tous conversé[a] autrefois dans les convoitises de notre chair, accomplissant les désirs de la chair et de nos pensées ; et nous étions de notre nature des enfants de colère, comme les autres. Mais Dieu, qui est riche en miséricorde, par sa grande charité de laquelle il nous a aimés, lors, dis-je, que nous étions morts en nos fautes, il nous a vivifiés ensemble avec Christ, par la grâce duquel vous êtes sauvés. Et il nous a ressuscités ensemble, et nous a fait asseoir ensemble dans les lieux célestes en Jésus-Christ, afin qu'il montrât dans les siècles à venir les immenses richesses de sa grâce, par sa bonté envers nous par Jésus-Christ. Car vous êtes sauvés par la grâce, par la foi ; et cela ne vient point de vous, c'est le don de Dieu ; non point par les œuvres, afin que personne ne se glorifie. Car nous sommes son ouvrage, étant créés en Jésus-Christ pour les bonnes œuvres, que Dieu a préparées, afin que nous marchions en elles.

---

a. Le premier sens du verbe *converser*, qui était encore d'usage au siècle de Monod mais quasiment disparu dans les suivants est *vivre avec* ; c'est ainsi que les anciennes traductions bibliques rendent le verbe grec ἀναστρέφω. (ThéoTEX)

Il est écrit : « La foi est une représentation des choses qu'on espère, et une démonstration de celles qu'on ne voit point ; » c'est-à-dire qu'elle possède cette double vertu de rendre présentes les choses futures, et visibles les invisibles. Or, s'il y avait un fait dans lequel cette double vertu de la foi se trouvât réalisée et comme incorporée, ce fait ajoutant à la puissance de la foi la clarté de la réalité, ne serait-il pas le fondement même de toutes nos lumières, et le plus ferme appui de notre espérance ? Ce fait est la résurrection de notre Seigneur Jésus-Christ. L'Écriture commence par unir tellement le chrétien à son Sauveur, par la foi, que ce qui lui arrive, nous arrive, et que son histoire se reproduit intérieurement, mais essentiellement, dans chacun de ses enfants. S'il meurt, nous mourons ; s'il ressuscite, nous ressuscitons ; s'il monte au ciel, nous y montons : et c'est par là que nous sommes sauvés, parce que nous sommes faits par la foi un avec Christ, qu'il n'est pas permis de chercher ailleurs que dans la vie et dans la gloire éternelle, ce qui nous oblige à nous y chercher aussi, nous qui sommes un avec lui par la foi. Mais voici que Jésus-Christ, après avoir vécu et être mort sous les yeux des hommes, ressuscite aussi sous leurs yeux, et se montre encore aux hommes après sa résurrection ; c'est-à-dire que la résurrection de Jésus-Christ, qui nous appartient comme tout le reste, devient un événement visible, qui rend visible notre propre résurrection, d'invisible qu'elle était. Vous vous rappelez ces hérétiques dont parle saint Paul, qui disaient que la résurrection est déjà arrivée, la considérant comme une chose purement spirituelle : ils sont en opposition flagrante avec la doctrine de l'Évangile, qui fait de la résurrection de notre Sauveur et de celle dont nous devons jouir après lui et avec lui, un fait réel, matériel, corporel, — et qui dans la résurrection de notre Sauveur nous montre déjà comme à l'œil notre résurrection. Quelle immense bénédiction et privilège n'est-ce pas pour le chrétien que de contempler en Jésus-Christ visiblement ressuscité sa propre résurrection, qui semble invisible, qui l'est dans un sens, mais qui devient visible dans son Sauveur ! Elle est ainsi élevée au-dessus, je ne dis pas des doutes, mais des difficultés même de la foi, et devient un fait patent, saisissable, que nous trouvons en Jésus-Christ, et que nous nous appliquons à nous-mêmes.

Et en même temps, — car je ne puis dans l'état où je suis qu'indiquer les pensées, — la résurrection du Seigneur Jésus-Christ convertit un événement futur en un événement présent et même passé. S'il n'était pas ressuscité des morts, nous contemplerions toujours la résurrection comme quelque chose à venir, et par cela même présentant toujours quelque chose d'obscur et d'insaisissable, quoique les promesses de Dieu fussent certaines en soi. Mais ici Dieu a joint à la promesse un fait historique. Jésus-Christ est ressuscité, le voilà, on l'a vu ; et notre résurrection, qui est unie avec celle du Seigneur et qui en dépend, devient ainsi elle-même un fait historique, un fait présent, un fait passé. C'est pourquoi saint Paul dit : « Nous sommes déjà ressuscités. » Ainsi, par la résurrection de notre Sauveur, notre salut est rendu d'invisible, visible ; de futur, présent : que pourrions-nous demander de plus ? Il n'y a que le chrétien qui puisse posséder ainsi une ferme assurance de sa réconciliation avec Dieu et de sa félicité éternelle, parce que les choses invisibles ont passé dans le domaine des choses visibles et présentes, dont il jouit en les contemplant en quelque sorte de ses yeux, et en les saisissant dès à présent. Aussi, vous pouvez remarquer, mes chers amis, que partout où la résurrection de notre Sauveur est mise dans l'ombre, l'assurance de notre salut l'est aussi. Ainsi, dans l'Église romaine, où l'attention est appelée constamment sur la mort de notre Seigneur Jésus-Christ et non pas sur sa résurrection, où la cérémonie essentielle et principale de l'Église, la messe, est la célébration de la mort de Jésus-Christ, il n'y a pas d'assurance du salut ; on se ferait même scrupule d'être sûr de son salut, comme d'une sorte d'orgueil, et l'on tord certains passages de l'Écriture pour leur faire dire qu'il n'est jamais permis d'être assuré de son salut, c'est-à-dire qu'il n'y a jamais de paix, jamais d'espérance ferme pour le chrétien. Malheureusement, il y a bien des protestants qui ne sont pas plus avancés, et qui ne peuvent pas se réjouir dans l'assurance de leur salut ; cela vient de ce qu'ils ne contemplent pas Jésus-Christ ressuscité des morts, et maintenant vivant, intervenant entre Dieu et nous, et les choses qui se passent entre Dieu et notre âme comme des choses vivantes, présentes, historiques. Mais le chrétien éclairé sur la résurrection de notre Sauveur, jouit de l'assurance de son salut ; il en est aussi sûr qu'il est sûr que Jésus-Christ est ressuscité, et pour le faire douter de son espérance éternelle, il faudrait commencer par le faire douter que Jésus-Christ est ressuscité des morts. C'est pourquoi le jour que nous célébrons est le plus grand jour de l'année chrétienne, et l'événement que nous rappelons aujourd'hui est non pas *un événement* du royaume des cieux, mais *l'événement* du royaume des cieux : c'était la résurrection de notre Sauveur que les apôtres s'appliquaient essentiellement à enseigner.

Et nous, mes amis, saisissons cette résurrection, vivons avec Jésus-Christ ressuscité, et nous jouirons de ce précieux privilège. Mais en même temps n'oublions pas à quel prix cette résurrection a été acquise, et par quel chemin Jésus-Christ a passé, afin que nos cœurs ne savourent le bonheur de cette assurance que dans un sentiment profond de reconnaissance et d'amour pour celui à qui nous le devons. Recevez ces quelques paroles dans l'amour du Seigneur, comme je vous les adresse, — c'est tout ce que je suis capable de vous dire ; et appliquons-nous les uns et les autres à les développer devant lui dans le silence de la prière et dans l'étude de la Parole de Dieu, aux pieds de Jésus-Christ ressuscité, et dans l'amour de Jésus-Christ crucifié ! Amen.

XXV
Dieu est amour.

(30 mars 1856)

———⋄⋄———

Lecture du Psaume 100

> Vous tous, habitants de la terre, jetez des cris de réjouissance à l'Éternel. Servez l'Éternel avec allégresse, venez devant lui avec un chant de joie. Connaissez que l'Éternel est Dieu. C'est lui qui nous a faits, et ce n'est pas nous ; nous sommes son peuple et le troupeau de sa pâture. Entrez dans ses portes avec des actions de grâces, et dans ses parvis avec des louanges ; célébrez-le, bénissez son nom. Car l'Éternel est bon ; sa bonté demeure à jamais, et sa fidélité d'âge en âge.

C'est moi qui ai demandé à notre ami, mes chers amis, de nous lire ce Psaume. Je n'ai plus de force que pour m'occuper de l'amour de Dieu. Dieu nous a aimés : c'est toute la doctrine de l'Évangile. Aimons Dieu : c'en est toute la morale. Sachant à peine si je pourrai me faire entendre, je recueille le peu de forces que j'ai pour invoquer avec vous l'amour éternel et infini de Dieu.

O Dieu, qui es amour, qui ne nous as rien fait, qui ne nous fais rien, et ne nous feras rien que par amour, comment pourrais-je te rendre assez de grâces en voyant ces frères que l'amour rassemble autour de mon lit de maladie, de souffrances, et de ce que toi seul encore tu peux savoir ! Je me réjouis dans leur amour. A qui en a-t-on témoigné davantage ? Ne serais-je pas le plus ingrat des hommes si je n'en étais pas le plus reconnaissant ? C'est pourquoi, mon Dieu, je te rends grâces ; et je te rends grâces encore plus, s'il est possible, pour ton amour, qui m'a tant affligé, mais tant soutenu, et je le confesse devant eux, qui ne m'a jamais laissé manquer d'aucun secours, quoique j'aie souvent manqué de foi et de patience, et que je sois loin d'avoir atteint cette patience parfaite où j'aspire le plus. Mais toi tu as été la bonté même ; et pendant qu'il me reste un souffle de vie et de force, je veux le confesser devant eux. Ta bonté, ta bonté ! mon Dieu, je te rends grâces pour la gratuité avec laquelle cette bonté s'est manifestée en me pardonnant gratuitement toutes mes fautes, à moi le premier des pécheurs, le dernier de tes enfants, le plus pauvre de tes serviteurs, — mais aussi moi que tu as comblé de grâces, et dont tu t'es servi pour l'avancement de ton règne jusque dans l'excès de faiblesse et de douleur où je suis aujourd'hui plongé ! Oh ! je te rends grâces de ce que tu m'as donné un Sauveur ! Sans lui, je confesse, ô mon Dieu, que je serais irrévocablement perdu, et aujourd'hui dans le plus affreux désespoir. Mais j'ai un Sauveur ! qui m'a sauvé gratuitement, par son sang répandu, et je veux que l'on sache que je m'appuie uniquement sur ce sang versé ; que toutes mes justices, toutes mes œuvres qui ont été louées, toutes mes prédications qui ont été appréciées et recherchées, que tout cela n'est à mes yeux que comme un linge souillé, et qu'il n'y a rien en moi-même de capable de subsister un moment devant la clarté de ta face et devant la lumière de ta sainteté. Mais maintenant ce n'est pas moi qui serai jugé : c'est Christ en moi ; et je sais, je sais qu'il entrera, et moi avec lui, et que lui et moi nous sommes tellement unis qu'il ne saurait jamais entrer et me laisser dehors.

Mon Dieu, je te rends grâces avec tous ces amis, auxquels tu as accordé le même privilège et la même consolation, et auxquels tu as daigné, comme à moi, donner le Saint-Esprit pour appliquer à leur âme le don gratuit de la vie éternelle par le sang de Jésus-Christ. Je te rends grâces premièrement pour ma chère famille… Je te rends grâces pour mes frères, mes sœurs, mes amis, qui ont tous été pour moi des frères et des sœurs, et qui maintenant témoignent par leur amour et par leurs larmes de leur tendre sympathie, que je n'ai point méritée en aucune manière, et dont je me reconnais entièrement indigne, mais que tu as mise en eux pour moi, et qui m'est une si grande consolation. Je te rends grâces pour toutes choses. Je te rends grâces pour les consolations que tu as répandues sur cette semaine : pour la nomination du professeur de Montauban, qui a été pour nous un si grand sujet de préoccupation et de prières ; pour cette paix signée aujourd'hui même, que nous t'avons tant demandée, parce que nous pensons que la paix de la terre est propre à seconder encore, comme elle l'a fait précédemment, la paix qui descend d'en haut. Il est vrai, Seigneur, car je veux être sincère devant toi, que je souffre beaucoup, et que ma joie et mes actions de grâces sont bien assombries par ces souffrances et cet épuisement continuels. Mais tu m'as soutenu jusqu'ici et j'ai cette confiance que mes prières et celles de ma famille et de mes amis m'obtiendront la patience parfaite.

Et maintenant, Seigneur, je les prends tous, ces amis, et je les mets dans ton sein paternel, au nom de Jésus, par le Saint-Esprit. Qu'il n'y en ait pas un seul dans cette chambre qui ne soit réuni dans les tabernacles éternels, et qu'assis à la table d'Abraham, d'Isaac et de Jacob, nous puissions nous rappeler, avec une joie sans mélange, le jour qui nous rassemble ! Oh ! mon Dieu ! sanctifie-nous parfaitement, et que tout ce qui nous reste de vie soit employé complètement à ton service. Que ton Esprit habite en nous, et soit l'âme, la vie et la joie de tous, des familles de tous, et de leurs affligés. Oh ! Seigneur, plusieurs de nous ont des malades, des malades bien chers, nous te les recommandons. Je les porte tous sur mon cœur devant toi. Je ne veux pas les nommer, de peur que dans ma faiblesse je n'en oublie quelqu'un, et ne fasse de la peine à quelqu'un de ceux qui sont ici; mais je les prends tous et les dépose au pied de la croix de Jésus, pour que tu les consoles et les sanctifies. Que ta grâce et ta paix soient avec nous tous, dès maintenant et à jamais ! Amen.

La Parole Vivante

———◦∞◦———

En elle était la vie.

(Jean 1.4)

La vérité réside dans le sein de Dieu, où elle demeurerait éternellement cachée, si Dieu ne l'eût mise au jour. Mais Dieu a parlé, c'est-à-dire, il a mis son être invisible en rapport avec ses créatures par certains signes sensibles, comme l'esprit de l'homme communique avec l'esprit de l'homme par le mystère ineffable de la parole.

La première forme que la Parole de Dieu ait revêtue, et celle par laquelle elle offre le plus d'analogie avec la parole de l'homme, c'est le langage. Le Saint-Esprit s'est choisi des organes, auxquels il s'est révélé, et qu'il a chargés de transmettre ses révélations à leurs semblables par le langage, d'abord parlé, et puis écrit. De ces deux langages, le dernier, le langage écrit, étant seul parvenu jusqu'à nous, l'Écriture, dans laquelle il nous a été conservé, est le dépôt unique et permanent où nous devons puiser la vérité divine, dont elle rend témoignage avec une divine autorité.

Toutefois, outre le langage, la Parole de Dieu a revêtu une autre forme, la vie. Devenue parole écrite, par l'inspiration, elle est devenue parole vivante, par l'incarnation. Cette doctrine merveilleuse, bien qu'indiquée ailleurs dans le Nouveau Testament [a] et même pres-

---

a. Actes.20.32 ; Héb.4.12

sentie dans l'Ancien [a], n'est révélée en termes exprès que par notre apôtre, mais elle l'est dans tous ses écrits. Il ouvre son Évangile, en nous dépeignant cette Parole qui « était au commencement, qui était auprès de Dieu, qui était Dieu, par qui [b] toutes choses ont été faites, en qui était la vie. »

[Nous perdons quelque chose de la beauté, pour ne pas dire de la lumière du texte original, par la fâcheuse nécessité où nous sommes de traduire par un substantif féminin, la Parole, un terme grec qui est masculin, *le Logos* : « Au commencement était le Logos, et le Logos était auprès de Dieu, et le Logos était Dieu. Il était au commencement auprès de Dieu. Toutes choses ont été faites *par lui*, etc. » Les versions catholiques se sont tirées de cette difficulté en traduisant *Logos* par *Verbe* ; mais elles y perdent plus qu'elles n'y gagnent. Car, ne pouvant rendre *Logos* par *Verbe* dans les endroits où il est question de la parole écrite, elles laissent ignorer au lecteur français le rapport profond qui rattache l'une à l'autre les deux Paroles de Dieu. Au surplus, la langue de saint Jean elle-même n'a pas toujours le même avantage sur la nôtre. Le mot *vie* par exemple, qui est féminin en grec comme en français, jette dans le début de la première Épître de notre apôtre un embarras analogue à celui que nos versions sont obligées d'accepter dans les premiers versets de l'Évangile.]

Après quoi il ajoute, pour que nul ne puisse douter de qui il dit tout cela : « Et la Parole a été faite chair ; et elle a habité parmi nous, et nous avons contemplé sa gloire, une gloire comme du Fils unique venu du Père, pleine de grâce et de vérité. » Il débute à peu près de même dans sa première Épître (étrange début pour une lettre !) : « Ce qui était dès le commencement, ce que nous avons entendu, ce que nous avons vu de nos yeux, ce que nous avons contemplé, et que nos mains ont touché, de la Parole de vie... Ce que nous avons vu et entendu, nous vous l'annonçons. » Puis, vers la fin de l'Apocalypse, décrivant le chef de l'armée céleste sous des traits où il est impossible de méconnaître le Fils de Dieu, il le nomme par son nom, et ce nom

---

a. Gen.1.3 ; Psa.33.6
b. C'est-à-dire *par l'entremise de qui.*

est « la Parole de Dieu. » (Apoc.19,11,13,16) Il y a donc une Parole de Dieu vivante ; et cette parole vivante, c'est Jésus-Christ.

[Dans quelques endroits du Nouveau Testament, soit en saint Jean (1Jean.2.14, etc.), soit en saint Paul (Act.20.32 ; Hébr.4.12), l'exégèse hésite entre les deux sens du *Logos*. Il me paraît que l'on doit se décider pour la Parole du témoignage (écrite ou parlée), dans les deux passages de saint Paul, et que l'application expresse du nom de *Logos* à Jésus-Christ appartient exclusivement à saint Jean. Si cette remarque est vraie, elle fournit une preuve en faveur de l'authenticité de l'Apocalypse. Lisez l'article *Word of God* de la *Concordance de Cruden*.]

L'une et l'autre Paroles justifient également la dernière prière du Sauveur : « Ta parole est la vérité ; » mais ce sont deux vérités : l'une est une vérité de *fidélité*, dans le témoignage ; l'autre, une vérité de *réalité*, dans la substance. Cette différence est nettement marquée dès le commencement de notre Évangile : « Il y eut un homme envoyé de Dieu, nommé Jean ; il vint, en témoignage, pour rendre *témoignage* de la lumière ; il n'était pas la lumière, mais pour rendre témoignage de la lumière [a]. » La parole inspirée n'est que le témoin de la lumière ; la lumière elle-même, cette « vraie lumière qui éclaire tout homme en venant dans le monde [b], » c'est la parole incarnée, Jésus-Christ. Ce que les autres annoncent, il l'apporte ; ce qu'ils disent, il l'est [c]. Il s'en explique lui-même en termes qui seraient impies dans la bouche d'un Esaïe ou d'un saint Paul : « Je suis la lumière [d] ; je suis la vie ;

---

a. Même distinction entre le témoignage et la vie, 1Jean.5.10.

b. Le participe venant se rapporte à la lumière, et non à tout homme.

c. Ce n'est pas que Jésus-Christ n'apparaisse aussi comme témoin, ou plutôt comme le témoin dont tous les autres témoins ne sont que les organes. Il est « le témoin fidèle et véritable » (Apoc.3.14), comme il est l'apôtre (Hébr.3.1), et le prophète (Jean.1.21) ; mais il est en même temps l'objet du témoignage, tant du sien que de celui de ses serviteurs. Les premiers versets de l'Epître aux Hébreux sont intéressants à méditer, comme marquant la transition de la vérité du témoignage qui réside dans le langage de Jésus-Christ (v. 1) à la vérité substantielle qui réside dans sa personne (v. 3).

d. Pour rendre l'énergie de l'original, il faudrait traduire : « Moi je suis ; » ou « C'est moi qui suis. »

je suis la vérité ; je suis la résurrection ; je suis le chemin ; je suis la porte ; » (Jean.8.12 ; 14.6 ; 11.25 ; 10.7) et ailleurs dans un seul mot qui résume tout le reste : « C'est moi, » ou « je suis, » mot immense où l'on retrouve celui qui s'est ainsi défini dans Moïse : « Je suis celui qui suis. »

[*Je suis*, vraie traduction de Jean.8.24 (voir le v. 58), à moins qu'on n'aime mieux cette autre traduction également permise par l'original : « C'est moi. » La première désigne Jésus-Christ comme le vrai Dieu révélé dans l'Ancien Testament ; la seconde, comme le vrai Messie attendu de son peuple. La traduction ordinaire : « Ce que je suis, » ne peut soutenir l'examen. Aussi bien, comme il est le terme où la Parole écrite aboutit, il est aussi le principe dont elle émane : « Je leur ai donné ta parole » (Jean.17.14 ; littéralement : « Moi, je leur ai donné ta parole »). Il est avant elle et après elle ; il en est l'*alpha* et l'*oméga*, le premier et le dernier, comme il l'est de toutes choses ; et la Parole écrite pourrait dire de la Parole vivante ce que Jean disait de Jésus : « Il en vient un derrière moi, qui a été devant moi, car il était avant moi. » (Jean.1.30)]

Entre ces deux Paroles de Dieu, inséparables l'une de l'autre, puisque la Parole parlée ne nous a été donnée qu'en vue de la Parole vivante, et que la Parole vivante ne nous est connue que par la Parole parlée, entre ces deux Paroles, le rapport est étroit, mais la distance est grande. Toutes deux prêtent une expression visible aux choses invisibles de Dieu ; c'est pour cela qu'elles ont reçu, dans le langage parfaitement vrai du Saint-Esprit, un nom commun, qui les assimile toutes les deux à la parole humaine. Mais il y a loin de l'une de ces expressions à l'autre. L'une emprunte des signes de convention, l'autre apporte le fond même des choses ; l'une explique la pensée de Dieu, l'autre reproduit Dieu lui-même ; par l'une, Dieu se révèle ; dans l'autre, Dieu se montre, Dieu se donne ; et si l'homme inspiré dit : « Celui qui rejette ceci, ne rejette pas un homme, mais Dieu, (1Thess.4.7) » Jésus-Christ seul a pu dire « Celui qui m'a vu, a vu le Père. » (Jean.14.6)

Pour mieux saisir cette distinction, figurez-vous un homme que vous n'ayez encore connu que par correspondance. Ses lettres vous transmettent ses idées, ses sentiments, ses volontés, son histoire ; mais sa personne, vous l'y cherchez en vain. A proportion que son langage est plus accompli, c'est-à-dire plus vrai, plus près de la vie, il supplée moins imparfaitement à cette lacune ; mais il ne la répare jamais : la vie ne se transmet que par la vie. Quand votre ami inconnu pourrait, par un secret où ni un Homère ni un Dante n'ont su atteindre, réaliser dans son style l'idéal qu'il a devant les yeux, il resterait encore, cette première distance franchie entre l'idée et le langage, une seconde distance plus infranchissable entre cet idéal et l'esprit qui l'a conçu, entre la parole et la vie. Qu'il vienne enfin à paraître devant vous, que vous puissiez le voir et l'entendre, n'est-il pas vrai qu'une heure d'entretien vous le fera mieux connaître que ne firent jamais ces signes immobiles qui vous ont seuls parlé de lui jusqu'à ce jour ? Que dis-je, une heure d'entretien ? Eh ! que de fois un geste, un regard, une main serrée, vous en ont plus dit que n'auraient pu faire les pages les plus éloquentes ! C'est que dans ce geste, dans ce regard, dans cette main serrée était la vie, cette vie indivisible, incommunicable, dont vous n'aviez dans ces pages que la traduction plus qu'à demi-morte. Eh bien, la transition n'est pas sans analogie de la parole de Dieu écrite à sa parole incarnée. Vous avez, il est vrai, dans la première, la vérité de Dieu revêtue du langage le plus accompli qui soit au monde : un langage qui procède du sein de la vie divine, et en procède par le chemin le plus court possible ; un langage à part, inimité et inimitable, si simple, si naturel, si fidèle aux choses, si affranchi du moi, enfin, si on pouvait le dire, si divin, qu'on y sent battre le cœur, et ce cœur, le cœur de Dieu. Mais tout divin qu'il est, le langage des Écritures n'est pourtant qu'un langage, et ne peut faire que ce qui est faisable au langage. Il peut nous traduire, et il traduit admirablement, la pensée de Dieu il ne peut nous donner Dieu lui-même. Et cependant le Dieu qui nous a faits est un Dieu vivant, et ne pas l'avoir vivant, c'est ne l'avoir qu'à demi. Aussi le cœur de l'homme soupire après la présence de son Dieu, après sa présence réelle ; si bien qu'à défaut de la vraie présence réelle, il s'en crée une imaginaire dans le sacrement, quand ce n'est pas dans l'idole. Mais si ce besoin pouvait être satisfait sans être dénaturé ! S'il était quelque moyen de posséder Dieu lui-même, habitant au milieu de nous ! Eh bien, ce moyen existe ce que vous demandez, vous l'avez dans la Parole incarnée. Jésus-Christ fait plus que de nous parler de Dieu, comme les prophètes où les apôtres : « reflet de sa gloire, empreinte de sa substance, » il transporte au milieu de nous Dieu tout entier ; et pour tout dire en un mot, encore une fois, « qui l'a vu, a vu le Père. »

Qui a vu Jésus-Christ, a vu la vérité divine : car en Jésus-Christ, cette vérité devient histoire ; point de grand dogme qui ne soit un fait de Jésus-Christ, point de grand fait de Jésus-Christ qui ne soit un dogme. Qui a vu Jésus-Christ, a vu la sainteté divine : car en Jésus-Christ, cette sainteté devient action ; l'idéal et le réel se confondent dans l'homme parfait, dont l'exemple fait loi, comme la loi. Qui a vu Jésus-Christ, a vu la puissance divine : car en Jésus-Christ, le surnaturel devient nature ; puisque sans parler des prodiges qu'il sème à pleines mains, le prodige des prodiges est l'existence même de ce Fils de Dieu, vrai Dieu et pourtant vrai homme, vrai homme et pourtant vrai Dieu. Qui a vu Jésus-Christ, a vu l'inspiration divine : car en Jésus-Christ, l'Esprit de Dieu devient esprit propre ; « celui qui vient du ciel rend témoignage » des choses du ciel, comme de choses « qu'il a vues et entendues étant dans le ciel (Jean.3.13,31-32). » Enfin qui a vu Jésus-Christ, a vu Dieu tout entier : car en Jésus-Christ, la révélation devient incarnation ; « c'est lui qui est le vrai Dieu et la vie éternelle, (1Jean.5.20) » le vrai Dieu, qui s'est approché de nous, et la vie éternelle, qui a été « entendue, contemplée, palpée, » de ses créatures. Passer de la Parole écrite à la Parole vivante, c'est remonter de la fontaine à la source, du battement au cœur, du signe à l'être, du langage à la vie.

Heureux donc, dira-t-on peut-être, les contemporains de Jésus-Christ ! Mais nous, privés de sa vue, il faut bien nous contenter des témoignages bibliques ; et nous ne sommes remontés de la Parole écrite à la Parole vivante, que pour redescendre de la Parole vivante à la Parole écrite. — Vous ne parleriez de la sorte que pour n'avoir pas encore connu le Saint-Esprit, « cet Esprit de vérité que le monde ne contemple ni ne connaît point, » mais que Jésus a promis d'envoyer à ses disciples, « pour qu'il demeure avec eux éternellement (Jean.14.16-17). »Si vous le connaissiez, vous sauriez qu'entre vous et les contemplateurs de Jésus en chair, l'avantage est de votre côté. « Il vous est avantageux que je m'en aille, » dit Jésus à ses disciples ; parole étonnante ! Aussi se hâte-t-il de l'expliquer : « Car si je ne m'en vais, le Consolateur ne viendra point à vous ; mais si je m'en vais, je vous l'enverrai (Jean.16.7). » — Jamais, non jamais Jésus n'eût tenu ce langage, si l'Église avait dû perdre par son éloignement le bienfait de sa présence, et de la présence de Dieu dans sa personne. Eh ! quelle lumière, quelle grâce pouvait être « plus avantageuse » pour ses disciples que cette présence adorable ? Mais le moment où elle semble devoir leur être ôtée, est celui où elle va devenir plus réelle et plus vivante qu'autrefois, non selon le monde, qui ne voit de réalité et de vie que dans les choses visibles, mais selon Dieu, qui n'en voit, au contraire, que dans les invisibles, dont les visibles ne sont que le reflet éphémère[a]. C'est le Saint-Esprit qui fait cela. Le Saint-Esprit, qui, par un mystère instructif, quoique impénétrable, ne devait dirai-je ? ou ne pouvait descendre du ciel qu'après que le Fils y serait remonté (Jean.7.39), reprend et continue l'œuvre de Jésus-Christ dans les siens, mais en la marquant de ce caractère qui lui est propre et qui a reçu de lui le nom de *spirituel*. C'est peu que, s'insinuant chez eux jusque dans ces retraites intimes de l'esprit humain où l'Esprit de Dieu peut seul pénétrer, il y porte une lumière nouvelle, et leur révèle les choses de leur Maître plus ouvertement qu'il n'a fait

---

a. Voir, dans les Études évangéliques d'A. Vinet, Jésus Invisible.

lui-même (Jean.16.12-14) : il fait mieux que de leur parler de lui ; il le leur donne, il le leur rend. Je ne dis pas : il le leur remplace, (le Seigneur ne se remplace pas), mais il le leur rend, et fait demeurer « en eux, » celui qui demeurait « avec eux (Jean.14.17). » Ou plutôt, le Saint-Esprit n'est autre que le Seigneur revenant à eux, non plus tel qu'ils l'ont contemplé des yeux du corps, mais glorifié, et, sous son nouveau nom [a], devenu capable de s'unir par le fond de son être au fond du leur, de cette union essentielle, entière, impossible avec aucune créature, impossible avec Jésus-Christ lui-même « durant les jours de sa chair. » C'est alors que toutes les barrières étant renversées, l'esprit étant saisi par l'esprit et la vie par la vie, Jésus-Christ, selon sa touchante expression, « entre chez nous, et soupe avec nous, et nous avec lui (Apoc.3.20), » c'est-à-dire vit avec nous dans la communion la plus étroite et la plus tendre. C'est alors que nous demeurons en lui et lui en nous, que nous le recevons, que nous l'écoutons, que nous l'apprenons, que nous le contemplons, autant d'expressions empruntées à l'Écriture [b]. Loin donc que la vraie contemplation de Jésus-Christ ait fini quand il a quitté la terre, c'est là plutôt qu'elle a commencé. Aussi, la condition dont vous êtes tentés de vous plaindre, est celle à laquelle saint Paul se félicitait d'être parvenu : « Si même nous avons connu Christ selon la chair, nous ne le connaissons plus de cette manière (2Cor.5.16) » C'est que, comme l'écrit saint Jean, longtemps après avoir cessé de voir son Maître, « à ceci nous connaissons que nous demeurons en lui, et lui en nous, c'est qu'il nous a donné de son Esprit [c]. »

Je crains que ce langage ne paraisse étrange, peut-être mystique, à plusieurs : mais je n'en connais pas d'autre pour exprimer une pensée qui est gravée si avant dans mon âme, que je n'ai cessé de l'associer avec le ministère que je viens exercer au milieu de vous.

---

a. Voir Jean.14.16, expliqué par Jean.17.18 et par Matth.28.20.
b. Éph.4.20-21 ; Col.2.6 ; Jean.1.12 ; 6.40
c. Jean.4.13. N'est-ce pas d'une contemplation spirituelle qu'il est question dans le v. 14 ?

Oui, j'éprouve un besoin profond de m'attacher fortement à Jésus-Christ ; pas seulement à ce qui vient de lui ou se rapporte à lui, mais à lui-même, à son être, à sa personne vivante, telle que nous la révèle la parole écrite et que le Saint-Esprit nous la donne. Aussi bien, si ce point de vue est dans une certaine mesure nouveau pour vous, peut-être pour moi-même, il ne l'est que par circonstance ; en soi, il est aussi ancien que l'Évangile, dont il est l'essence, la vie. Pour l'éclaircir et le justifier tout ensemble, je cherche un exemple de cette intuition, dirai-je ? ou de cette possession spirituelle de Jésus-Christ, mise en pratique, sous la garantie spéciale du Saint-Esprit. Je le trouverais dans tous les témoins inspirés de Jésus-Christ, surtout dans les deux qui occupent la plus large place dans le Nouveau Testament, saint Paul et saint Jean. Mais je m'arrête à saint Jean, qui semble avoir eu sur ce point une mission individuelle, comme saint Paul en a eu une pour la prédication de la justice qui est par la foi.

Ce que la Parole écrite a été pour Luther, la Parole vivante l'a été pour saint Jean. Un seul fait dit tout là-dessus nous ne connaîtrions pas même Jésus-Christ par son nom de parole faite chair, si saint Jean, seul entre tous les apôtres, ne le lui eût donné dans tous ses écrits, sans doute parce que nul n'a été frappé comme lui du secret rapport qui existe entre cette parole de vie et la parole du témoignage, entre l'incarnation et l'inspiration. Comme j'appellerais saint Paul l'apôtre de la justice qui est par la foi, j'appellerais volontiers saint Jean l'apôtre de la personne de l'Homme-Dieu. S'il a d'autres caractères qui le distinguent, vous les verrez tous se résoudre en celui-là. Saint Jean est l'apôtre du Saint-Esprit : nul écrivain du Nouveau Testament, nul évangéliste surtout, n'est plus rempli que lui de cette grande promesse de la nouvelle alliance ; c'est que de cette promesse, nous l'avons vu, dépend la contemplation de la personne de Jésus-Christ, pour qui, comme nous, ne l'a pas vu, ou comme saint Jean, ne le voit plus. Saint Jean est l'apôtre de l'amour : qui ne sait que c'est dans saint Jean qu'il faut chercher : « Si Dieu nous a ainsi aimés, nous devons aussi nous aimer les uns les autres ; » dans saint Jean : « Nous l'aimons, parce qu'il nous a aimés le premier ; » dans saint Jean : « Dieu est amour[a] ? » C'est que la personne du maître ne peut devenir un objet de contemplation, sans que la personne du disciple y soit engagée ; le rapport, au lieu de se former entre l'idée et l'esprit, s'établit alors entre le cœur et le cœur, et voilà l'amour ; l'amour de Jésus-Christ d'abord, et puis ses fruits naturels, l'amour de Dieu, l'amour des frères, l'amour du prochain. Saint Jean est encore, on peut le dire hardiment, l'apôtre de la pensée : ces définitions à la fois si courtes et si pleines, ces mots où l'esprit plonge à perte de vue sans toucher le fond, ces éclairs qui entr'ouvrent silencieusement un horizon lointain et qui jettent dans l'âme je ne sais quelle lumière obscure et quel long ébranlement, c'est saint Jean qui en a le secret ; c'est que là où est la personne, là est la vie, et qu'il n'y a rien tout ensemble de plus réel et de plus mystérieux, de plus simple et de plus profond, de plus sympathique et de plus insaisissable que la vie. Oui, saint Jean n'est l'apôtre de l'Esprit, l'apôtre de l'amour, l'apôtre de la pensée, saint Jean enfin n'est saint Jean, que parce qu'il est, avant et par-dessus tout, l'apôtre de la personne. Aussi, ouvrez ses trois écrits, si différents d'objets, puisqu'il contemple dans le premier, comme disciple, le Christ historique ; dans le second, comme apôtre, le Christ spirituel ; dans le troisième, comme prophète, le Christ venant en gloire ; — et dites s'il ne s'y montre pas partout dans la même attitude, les yeux constamment attachés sur la personne vivante de son Sauveur. Je pourrais vous le faire voir pour l'Apocalypse, cette série de tableaux aboutissant tous à Jésus-Christ qui apparaît au commencement comme Fils de l'homme pour donner la prophétie, au milieu comme Agneau de Dieu pour le déployer, et à la fin comme Roi des rois pour l'accomplir. Je le pourrais également pour l'Épître qui, partant de la personne de Jésus-Christ contemplée dans

---

a. 1Jean.4.11,19,8, etc.

la chair, la fait pénétrer par l'Esprit dans le cœur du fidèle, où elle devient le principe fécond de la vie, de la sainteté et de l'amour. Mais arrêtons-nous à l'Évangile de notre apôtre, le plus caractéristique de ses écrits, parce qu'il est à la fois plus considérable que l'épître et plus individuel que la prophétie.

Quelle est l'unité de cet Évangile ? Car il en a une à coup sûr, et c'est une bien pauvre exégèse que celle qui n'a su voir dans saint Jean qu'un évangéliste supplémentaire, portant modestement son panier sur les pas des trois premiers historiens de Jésus-Christ, pour ramasser les fragments de sa vie ou de sa parole qu'ils ont laissés tomber en chemin, — comme si l'histoire était la première préoccupation des Évangiles, ou comme si celui de saint Jean ne portait pas les signes visibles d'un seul jet et d'un intérêt dominant. L'unité de l'Évangile de saint Jean, c'est la personne vivante de Jésus-Christ, contemplée par un disciple intime, mais que trois quarts de siècle séparent de son Maître, et chez qui le visible et l'invisible s'unissent, sans se confondre, dans une merveilleuse harmonie. Les yeux fixés sur ce Fils unique, saisi de tant de majesté, ravi de tant de gloire, pénétré de tant d'amour, Jean demeure quelque temps comme enchaîné par un tendre respect ; jusqu'à ce qu'enfin, laissant échapper le trop-plein de son âme émue, il trace silencieusement, largement, d'une main, je devrais dire d'un cœur que le Saint-Esprit conduit, les traits d'une image à la fois si grande et si familière, si sainte et si aimée. Il ne raconte pas, il peint ; il ne compose pas une histoire, il montre une vie ; ou pour mieux dire, il la contemple, moins occupé, semble-t-il, d'instruire les autres que de satisfaire un besoin de son propre cœur ; au reste, à la différence des autres évangélistes, moins soucieux de l'action du Maître que de sa parole, qui lui découvre mieux cet intérieur personnel où il aspire, et moins jaloux de suivre son modèle « de lieu en lieu faisant le bien, » que de le retenir en place, comme s'il craignait d'être distrait du mouvement du dedans par celui du dehors, ou bien pour pouvoir se pencher plus à l'aise sur son être, comme les chérubins sur l'arche, et y plonger jusqu'au fond. Absorbé dans cette contemplation, tout le reste n'a pour lui qu'un intérêt secondaire. Qu'un autre feuillette jour et nuit les pages d'un livre, fût-ce le livre de Dieu lui-même, ou qu'il soit « ravi au troisième ciel » pour y « entendre des paroles ineffables, qu'il n'est pas possible à l'homme de rapporter : » son étude de prédilection à lui, sa Bible toujours ouverte, son troisième ciel toujours visité, c'est le cœur de son Sauveur, où il lit, sans quitter la terre, des choses non moins ineffables, non moins impossibles à rapporter, mais plus impossibles encore à taire. Qu'un autre mette en ordre ou les événements de l'histoire de Jésus-Christ, ou les enseignements de sa doctrine, ou les préceptes de sa morale : pour lui, ce travail d'exposition n'entre pas dans sa tâche, que l'Esprit de Dieu lui a départie conforme à son génie. C'est le Christ tel qu'il est, le Christ indivisible autant qu'indéfinissable, qu'il prend tout vivant, et dans lequel il recueille toute l'histoire, toute la doctrine, toute la morale, tout l'Évangile, tout Dieu. Ce que saint Paul a si admirablement exprimé : « Toute la plénitude de la divinité habite en lui corporellement (Col.2.9), » saint Jean ne l'exprime pas, ne songe pas à l'exprimer, mais il le respire, il le reçoit, il le donne. A l'aspect de cette plénitude, il tressaille de joie avec Jean-Baptiste, il rend témoignage avec Nathanaël, il écoute avec Marie de Béthanie, il pleure au sépulcre avec Marie-Magdeleine, il s'écrie avec Thomas : « Mon Seigneur et mon Dieu, » et avec Pierre : « Tu sais toutes choses, tu sais que je t'aime, » ou plutôt, c'est avec Jean que Jean-Baptiste tressaille, que Nathanaël rend témoignage, que Marie écoute, que Magdeleine pleure, que Thomas se prosterne, que Pierre déclare son amour. Il semble que Jean entraîne dans le cours de sa pensée émue tout ce qu'il rencontre sur son chemin, (et puisse-t-il nous y entraîner comme les autres!) et qu'il soumette tour à tour chacun des personnages qu'il met en scène à l'ascendant irrésistible qu'exerce sur lui la personne de ce Dieu qui fut son ami, de cet ami qui est son Dieu.

Rapprochez notre Évangile des trois autres, et vous achèverez de reconnaître ce caractère personnel qui le distingue, et qui n'y est nulle part plus sensible que dans ces endroits saillants que chacun sait par cœur et où Jean se montre tout entier. Quel est l'évangéliste qui entre tout à coup en matière par cette peinture divine autant que spontanée, majestueuse autant qu'abrupte, et qu'on dirait tombée d'un autre monde, comme cette Parole qu'elle nous montre descendant du ciel en terre, « dressant sa tente[a] au milieu de nous, » et déployant à nos yeux sa gloire, « une gloire comme du Fils unique venant du Père, pleine de grâce et de vérité ? » Saint Jean. Quel est celui chez qui il faut chercher ces *Je suis* du Nouveau Testament que je rappelais tantôt, et où Jésus-Christ se définit lui-même par l'essence de sa nature ou par la substance de son œuvre : Je suis la vérité, je suis la vie, je suis la lumière, je suis la résurrection, je suis le chemin, je suis la porte, je suis le cep ? Saint Jean. Quel est celui qui ne sait voir les vérités les plus spirituelles que vivifiées et comme incarnées dans la personne de Jésus-Christ : la grâce, dans cette plénitude dont il nous fait part à tous ; l'expiation, dans le sang de cet Agneau de Dieu qui marche aujourd'hui devant nos yeux, et qui demain va être immolé ; la vie de la foi, dans sa chair qu'il nous donne à manger, dans son sang qu'il nous donne à boire ; le Saint-Esprit, dans ces fleuves d'eau vive qui coulent de son sein, ou dans ce souffle qui sort de sa bouche ; les fruits de sa mort, dans cette semence déposée en terre, qui ne se multiplie qu'à la condition de mourir ; notre union avec lui, dans ce sarment attaché au cep et qui en recueille un suc nourrissant ; les sacrements, dans ce sang et cette eau qui coulent ensemble de son côté percé[b] ? Saint Jean. Quel est, entre tous, celui qui nous fait vivre avec Jésus-Christ, qui nous le fait connaître personnellement, qui lui gagne notre sympathie individuelle, tantôt par un petit trait de caractère, qui trahit les mouvements, les combats, les douleurs

---

a. Traduction littérale de Jean.1.14.
b. Jean.1.18,29 ; 6.47-58 ; 7.39 ; 12.24 ; 15.1 ; 19.34

de son âme : « Jésus pleura ; » tantôt par un détail de famille, qui nous révèle les tendres attachements de son cœur : « Disciple, voilà ta mère ; femme, voilà ton fils ; » tantôt par une prière sublime, qui embrasse tout le peuple de Dieu dans tous les âges, et où chacun de nous n'en trouve pas moins sa place et presque son nom : « Je ne te prie pas seulement pour eux, mais pour tous ceux qui croiront en moi par leur parole [a] ? » Saint Jean, toujours saint Jean. Me sera-t-il permis d'ajouter que la même disposition d'esprit qui a fait de saint Jean l'évangéliste de la personne, est aussi celle qui a fait de lui « le disciple que Jésus aimait ? » N'est-ce pas parce que les yeux de Jean étaient si fortement attachés sur la personne de Jésus, que Jésus l'a honoré d'une intimité particulière et que nous le voyons, dans le repas d'adieu, penché sur le sein du Maître, et invité par ses compagnons à lui arracher tendrement son secret [b] ? Cette intimité, qui appartient, je l'avoue, à l'individualité humaine de Jésus plus encore qu'à sa personne glorifiée, n'était-elle pas le gage de je ne sais quelle intimité plus glorieuse où il devait admettre le même disciple sous l'économie de l'Esprit ? et peut-on se représenter Jean, même après un exil de soixante-dix années loin de Jésus, autrement que penché sur son sein, et chargé par la confiance de l'Église universelle, de surprendre, à force d'amour, ses mystères les plus cachés et ses plus célestes inspirations ?

Tout lecteur attentif de saint Jean doit avoir maintenant compris ma pensée, et en avoir en même temps reconnu la vérité. Au reste, je l'ai dit et je tiens à le redire, pour ne pas faire de choix entre les organes du Saint-Esprit, dont chacun a sa place marquée dans le plan de Dieu, et que nous devons interroger tous avec une égale confiance, sous peine d'être incomplets, sinon infidèles : la doctrine que j'essaye d'exposer ici, pour être plus sensible dans saint Jean que dans le reste

---

a. Jean.11.35 ; 19.26-27 ; 17.20
b. Jean.13.23-26. Ce fait est rappelé dans Jean.21.20, où il sert à désigner notre apôtre.

du Nouveau Testament, ne lui est pourtant pas personnelle. L'esprit de saint Jean est l'esprit de saint Paul, et l'esprit de saint Paul est l'esprit de saint Pierre, parce que chacun de ces esprits est l'Esprit de Dieu. Si saint Jean fait de la personne vivante de Jésus-Christ le cœur de son apostolat, c'est que Dieu avait commencé par en faire le cœur de la vérité salutaire ; Dieu, qui a voulu « récapituler toutes choses en Christ, » et qui a « fait tenir en lui toutes choses ensemble, » les ayant « toutes créées en lui, par lui, en vue de lui [a]. » Le point de vue que je viens d'exposer, en prenant saint Jean pour exemple et pour modèle, est celui où se sont placés également tous les autres apôtres, avec des nuances secondaires ; ou plutôt, ce n'est pas un point de vue, c'est le point de la vie : « En elle, » dit notre apôtre, en parlant de la Parole incarnée, « en elle était la vie ; » en elle, la vie de la foi, et en elle aussi, par une suite nécessaire, la vie de l'apostolat. La vie de l'apostolat, ai-je dit : et comment ne serait pas en elle aussi la vie de notre ministère, qui n'est que l'apostolat continué, serviteurs de Jésus-Christ, mes chers compagnons d'œuvre ? Nous nous sommes souvent occupés, et vous savez que celui qui vous parle s'en est occupé avec une ardeur particulière, de ce que nous avons à faire pour imiter saint Paul, qui est proprement notre apôtre étant l'apôtre des Gentils : rendons-nous compte aujourd'hui de ce que nous avons à faire pour imiter aussi saint Jean, désigné tendrement à notre attention comme « le disciple que Jésus aimait. » Ne sentiez-vous pas « votre cœur brûler au dedans de vous, » tandis que j'étudiais tantôt avec vous l'esprit de saint Jean et le caractère de sa parole ? Ce qu'il a dit du disciple, comme disciple, ne l'appliquiez-vous pas en vous-mêmes au prédicateur, comme prédicateur : « Celui qui a le Fils a la vie ? » et avec la prédication de la pure et inflexible doctrine de l'Évangile, ne voulez-vous pas poursuivre la prédication de la personne vivante de Jésus-Christ, sur les traces et d'un saint Jean, et d'un saint Paul, et du corps apostolique tout entier ? Ma

---

a. Eph.1.10 ; Col.1.16

conscience se fait forte de répondre pour la vôtre. La prédication de la personne vivante de Jésus-Christ montre seule la foi chrétienne telle qu'elle est, une foi vivante, c'est-à-dire, une foi dont le fond est un fait, et un fait vivant. En nous donnant Jésus-Christ pour justice, Jésus-Christ pour sanctification, Jésus-Christ pour sagesse, Jésus-Christ pour rédemption (car il nous a été fait tout cela de la part du Père[a]), elle fait reconnaître, au premier aspect, ce qui est si important à apprendre et si difficile, que le christianisme, ainsi défini dès ses premiers jours par un ange « ces paroles de vie[b], » n'est pas seulement, ni essentiellement, un système ou une doctrine, mais une vie, plus encore, la vie, et que ce qui le constitue proprement, ce n'est pas la simple acceptation de l'idée ou du précepte ou du fait, mais le renouvellement du fond de l'être en Jésus-Christ, et une sorte d'incarnation spirituelle par laquelle la nature divine s'unit à la nature humaine en chacun de nous.

Ce n'est pas tout. Qui a la vie, a tout avec elle et en elle. — Qui dit la vie, dit l'essence intime des choses ; et la prédication de la personne vivante de Jésus-Christ appelle seule directement l'attention sur le caractère essentiel et distinctif de l'Évangile, qui doit être cherché dans la personne du Rédempteur, réunissant la nature divine et la nature humaine par sa naissance, pour les réconcilier par sa mort. — Qui dit la vie, dit le principe supérieur d'où tout émane ; et la prédication de la personne vivante de Jésus-Christ établit seule le fidèle dans le centre même de la foi, d'où sa croyance et son action peuvent rayonner librement dans toutes les directions, sans compromettre les proportions et l'équilibre de l'ensemble, parce que chaque chose, vue de ce centre, prend naturellement la place et les dimensions qui lui appartiennent[c]. — Qui dit la vie, dit l'être entier ; et la prédication de la personne vivante de Jésus-Christ nous donne seule la vérité

---

    a. 1Cor.1.29
    b. Littéralement : « Les paroles de cette vie ; » Act.5.20.
    c. Voir la note A à la fin du sermon.

tout entière, ramassée dans son germe fécond. Rien d'écrit, fût-ce la Parole de Dieu même, ne peut tout exprimer. Il demeure toujours, comme entre les lignes, des vides où le langage ne saurait entrer, et qu'il n'appartient qu'à la vie de remplir. La vie seule est entière ; elle ne peut même exister qu'entière : on ne dissèque que ce qui est mort. — Enfin, qui dit la vie, dit l'unité mère, au sein de laquelle se rejoint tout ce qui est, et se concilient jusqu'aux contraires ; et la prédication de la personne vivante de Jésus-Christ possède seule le secret de se plier à tous les besoins, même aux plus opposés, par cette élasticité qui est propre à la vie [a]. Avec elle, tout l'Évangile, concentré dans sa substance et dans sa moelle, appelle à soi tout l'homme, intelligence, sentiment, volonté, et la plénitude de la vie divine est mise en contact par tous les points avec la plénitude de la vie humaine. Pour moi, mes frères dans le ministère, je voudrais, dans la mesure où il me sera donné de suivre de si saints exemples, imprimer à tous mes discours le caractère que je relevais tantôt dans les écrits de saint Jean, et offrir sans cesse à la contemplation de mes auditeurs, après avoir commencé par la contempler moi-même, la personne vivante de Jésus-Christ. Je voudrais moins traiter du christianisme, de sa doctrine, de sa morale, de son histoire, de son inspiration divine, que vous montrer, que vous donner Jésus-Christ lui-même. Je voudrais plus encore. Non content de réserver à la personne de Jésus-Christ la première place, je voudrais faire d'elle le centre et le cœur de tout mon ministère, la contemplant dans tout autre objet et contemplant tout autre objet en elle. S'agit-il de la doctrine ? La déduire avec rigueur, l'exposer avec méthode, la défendre avec force, cela est utile sans doute et souvent nécessaire ; mais je voudrais surtout la prendre sur le fait dans la personne de Jésus-Christ : la miséricorde divine, dans l'envoi de ce Fils aimé ; le mystère de la Trinité, dans le prodige de sa naissance ; le salut gratuitement promis à la foi, dans les guérisons qu'il opère ; dans sa mort, la malédiction et tout ensemble

---

a. Voir la note B à la fin du sermon.

l'expiation du péché ; dans sa résurrection, le gage de la nôtre, et dans son ascension, le ciel ouvert pour recevoir les siens, — ce ciel dont il est lui-même la gloire et la joie. S'agit-il de la morale ? Il est bon d'en éclaircir les obligations, de les ramener aux premiers principes, de les justifier par l'Écriture et de les presser sur la conscience ; mais je voudrais surtout les étudier dans la personne de Jésus-Christ, cette loi vivante, en qui le fait se confond avec le droit : la charité, dans sa mission ; le renoncement, dans son obéissance ; la piété, dans ses prières ; la vérité, dans ses discours ; la patience, dans sa passion ; la sainteté, dans tout son être. S'agit-il de l'histoire ? L'histoire biblique, la plus vraie, la plus belle, la plus instructive de toutes les histoires, sans contredit, abonde en textes et en exemples salutaires ; mais je voudrais surtout en recueillir les membres épars sous l'unité vivante de la personne de Jésus-Christ, qui remplit à lui seul toutes les annales de l'humanité, avant, pendant et après sa courte apparition sur la terre ; présent en figure dans les types de l'ancienne alliance, présent en chair dans les scènes des Évangiles, présent en esprit dans le développement de l'Église, présent en attente dans la prophétie de son second avènement. S'agit-il enfin de l'autorité divine des Écritures ? Il faut sans doute l'appuyer sur ces prophéties, sur ces miracles, sur ces faits qui la démontrent irrésistiblement pour un esprit droit ; mais je voudrais surtout en appeler directement à la personne de Jésus-Christ : de Jésus-Christ se fortifiant par la Parole écrite, et lui rendant le témoignage qu'il reçoit d'elle ; de Jésus-Christ reconnaissant l'inspiration des prophètes, garantissant celle des apôtres, et résolvant dans la pratique les questions les plus épineuses de la critique sacrée ; enfin, de Jésus-Christ sans erreur, et de Jésus-Christ sans péché, ces deux axiomes fondamentaux de la religion et de la morale, ces deux pôles immuables de la conscience humaine. Oui, je voudrais, ô mon Dieu Sauveur, et quel ministre fidèle ne le voudrait avec moi ? ne chercher qu'en toi seul le principe, le milieu et la fin de tout mon ministère ! C'est toi, ta vie, ta personne, ton esprit, ta chair et ton sang, dont j'ai faim, dont j'ai soif, pour moi-même et pour ceux qui m'écoutent ! C'est toi que je veux porter dans cette chaire ! toi que je veux annoncer à ce peuple ! toi que je veux apprendre à mes catéchumènes ! toi que je veux distribuer dans les sacrements ! toi tout entier, rien que toi, toi toujours, et encore toi !

Mais, indépendamment de ces raisons permanentes qui me détermineraient en tout temps à tenir haut élevée la personne vivante de Jésus-Christ, j'en trouve une autre, particulière à notre époque, dans le caractère du réveil religieux dont notre siècle a été honoré. On sait ce que j'entends par le réveil. Dans ces temps malheureux où des nations entières, la nôtre, hélas ! à leur tête, avaient abandonné l'alliance de leur Dieu, nos Églises, par un contre-coup inévitable de l'entraînement général, avaient dévié peu à peu de leur fidélité première, et délaissé les doctrines propres et vitales de la foi chrétienne. Mais Dieu prenant compassion de nous et se souvenant de nos pères, a visité l'une après l'autre toutes les Églises protestantes, leur a rendu l'Évangile de la grâce, et va opérant au sein de la Réforme une réforme nouvelle, qui se rattache par certains côtés à un mouvement plus étendu auquel participent toutes les communions chrétiennes. Ce réveil, faut-il le dire ? a toutes nos sympathies. A nos yeux, c'est un réveil digne d'être mis à côté, et, à quelques égards, au-dessus de celui du seizième siècle ; un réveil dont les instruments, qui déjà disparaissent l'un après l'autre de la scène du monde, méritent d'être bénis vivants, et pleurés morts, parmi les premiers bienfaiteurs de leur génération ; un réveil enfin, auquel la main de Dieu, qui y est si visiblement empreinte, a confié l'espérance de l'Église et les germes d'un meilleur avenir. Mais ce n'est pas un réveil parfait, ni même un réveil qui ait dit son dernier mot. Eh bien, s'il m'est permis d'exprimer avec respect toute ma pensée, ce dernier mot que le réveil n'a pas dit encore, c'est celui que j'essaye avec d'autres, après d'autres, de bégayer aujourd'hui, et auquel s'associe, j'en suis sûr, tout ministre fidèle de Jésus-Christ. Oui, la contemplation de la personne vivante de Jésus-Christ a été, je n'ai garde de dire absolument, mais comparativement, négligée par notre réveil. Il s'est plus mis en présence de la Parole écrite que de la Parole vivante ; il a été, pour tout dire en deux mots, plus biblique que spirituel.

On a nettement saisi, hautement reconnu les droits de la Parole écrite. On l'a reçue, sans réserve, comme une règle divine et la règle unique de la foi ; et le principe protestant, qu'on a résumé en ces termes : « Toute la Bible, rien que la Bible, » a été proclamé dans toute sa vérité, dirai-je ? ou dans toute sa rigueur. De là des croyances pures, des convictions arrêtées, et une rare mesure de ce qu'on est convenu d'appeler du nom de *fidélité*, que, par une restriction significative, on réserve communément à la fidélité dans la doctrine. De là, pour quelques points de l'Évangile, et des points essentiels, la corruption humaine, la justification par la foi, la gloire divine de Jésus-Christ, la régénération par le Saint-Esprit, mais surtout la grâce toute gratuite de Dieu dans l'œuvre du salut, une clarté d'enseignement, une force de prédication, qui n'a été surpassée, égalée peut-être à aucune époque, depuis les jours exceptionnels de l'inspiration. De là enfin, pour évangéliser le monde et plus spécialement pour l'évangéliser par la Bible, une ardeur inconnue du seizième siècle, des travaux qui embrassent la terre entière, en mettant au service de Dieu et de sa Parole la facilité croissante des communications de terre et de mer, et tout ce grand mouvement qui a fait dire à un penseur chrétien, que si le premier siècle a été l'ère de la rédemption, et le seizième siècle l'ère de la réformation, le dix-neuvième siècle est l'ère de la Bible[a]. Ce mot peint admirablement la gloire de notre réveil, en même temps qu'il laisse entrevoir ce qui lui a manqué. Richement chargé des fruits de la Parole écrite, il a recueilli dans une moindre mesure ceux de la Parole vivante.

J'en appelle à vos souvenirs. Tandis que la doctrine de Jésus-

---

a. Stapfer, discours prononcé devant la Société biblique.

Christ, sa morale, son œuvre, son histoire, ont été si soigneusement étudiées et si clairement annoncées, où sont-ils ceux qui ont fait à sa personne vivante, à sa présence spirituelle, à la communion intérieure avec lui, la part que le Saint-Esprit leur a faite dans l'Évangile ? La question même que je vous adresse dans ce moment n'a-t-elle pas pour plusieurs un air de nouveauté qui lui suffit déjà de réponse ? Si l'on a pu dire d'une certaine prédication qu'elle offre un christianisme sans Christ, n'a-t-on pas pu reprocher parfois à la nôtre qu'elle offrait plus de christianisme que de Christ, et que, lorsqu'elle offrait Christ lui-même, c'était un Christ extérieur plutôt que le Christ intérieur, et s'il est permis d'ainsi dire, un Christ parlé ou écrit, plutôt que le Christ reçu, senti, vécu ? Aussi bien, il n'y a rien là à quoi l'on ne dût s'attendre, d'après la place donnée dans le réveil au Saint-Esprit. Le Père et sa grâce imméritée, le Fils et son sacrifice expiatoire, ont été bien plus contemplés de nos jours que le Saint-Esprit, sa personne, son œuvre, et tout ce monde nouveau qu'il crée dans un cœur. Si l'on demandait à certains membres de cet auditoire, comme autrefois saint Paul à ces disciples d'Ephèse : « Avez-vous reçu le Saint-Esprit quand vous avez cru ? » n'en est-il aucun qui fût tenté de répondre comme eux : « Nous n'avons pas même ouï dire qu'il y ait un Saint-Esprit ? » Et pourtant cet Esprit est la promesse distinctive de la nouvelle alliance, la marque essentielle de l'Église chrétienne, le couronnement de l'œuvre divine et de l'enseignement apostolique. Avec cette lacune dans le réveil, il n'était pas possible que la personne vivante de Jésus-Christ, qui ne nous est révélée, disons mieux, qui ne nous est communiquée que par le Saint-Esprit, fût mise au rang qui lui est dû.

Le temps n'est plus où cette infirmité du réveil n'était ni sentie, ni connue ; et le temps n'est pas encore où elle doit être nettement discernée et décidément abandonnée. Voilà l'explication de ce vague malaise qui travaille le réveil, et qu'il est impossible de méconnaître. Il semble que les jours de la première joie et de la première liberté soient passés ; on est triste, irrésolu, découragé même, comme si l'Évangile eût perdu de son ancienne puissance, et qu'il ne nous eût pas tenu tout ce qu'il avait promis ; mécontent du passé, on demande à l'avenir un réveil dans le réveil. Eh bien, ce réveil dans le réveil est réservé, nous le croyons du fond de notre âme, à la contemplation de la personne vivante de Jésus-Christ. Rendez-vous compte, en effet, de ces plaintes mal définies dont le réveil est l'objet, même de votre propre part, et vous trouverez qu'il n'y a pas de moyen plus efficace de les dissiper, que de rendre désormais à la personne de Jésus-Christ toute la gloire qui lui appartient et qui ne lui a point été rendue.

On se plaint que notre réveil, pris dans son rapport à *l'individu*, manque de vie spirituelle. Par vie spirituelle, j'entends moins la vie religieuse en général, qu'une des formes de la vie religieuse, mais une forme essentielle, si essentielle qu'elle mérite moins le nom de forme que celui de fond : cette grâce intérieure de l'Esprit-Saint, cette vie du ciel cachée avec Christ en Dieu, cette onction du sanctuaire composée d'amour et d'humilité, qui est le propre et le secret de la sainteté chrétienne, et qui se traduit au dehors par l'accomplissement exact, mais paisible, des petits devoirs de la vocation. Eh bien, m'avancé-je trop en votre nom, mes chers frères, en affirmant que, comme moi, vous soupirez après cette « vie de Dieu, » et que, comme moi, vous confessez avec douleur qu'elle n'a pas été, je ne veux pas dire assez visible, cela n'est pas dans sa nature, mais assez recherchée parmi nous ? La piété du réveil n'a-t-elle pas eu quelque chose de trop dogmatique dans sa conception, de trop agité dans son action, de trop extérieur dans ses tendances, de trop éclatant dans ses œuvres, de trop humain dans ses moyens ? Il fallait faire ce qui a été fait, mais le faire mieux encore. Il fallait donner plus de place à Dieu, à son Esprit, à sa force qui s'accomplit dans l'infirmité, en donner moins peut-être à l'homme, à l'association, à l'organisation, à la délibération, à la publicité ; et quoique beaucoup de bien ait été accompli, il est permis de demander s'il n'en eût pas été accompli encore davantage avec moins de mouvement et plus de prière, moins de discours et plus de recueillement. Il fallait, tout en « faisant une belle profession de la vie éternelle devant beaucoup de témoins, » se montrer dans le sanctuaire de la vie privée en « homme de Dieu, » domptant son cœur, fuyant la convoitise des richesses, et recherchant « la justice, la piété, la foi, la charité, la patience, la douceur. » Il fallait, tout en envoyant l'Évangile au bout du monde, satisfaire aux obligations journalières de la vie domestique, aimer tendrement sa femme, élever chrétiennement ses enfants, veiller sur l'âme de ses serviteurs, éviter jusqu'à l'apparence de cet oubli des siens qui nous rendrait, selon saint Paul, pires que les infidèles[a]. Il fallait enfin, ou plutôt il faut, entrer dans une sainteté nouvelle, plus substantielle à la fois et moins apparente, plus pratique, plus humble, ou pour tout dire en un mot, plus vivante, et devenir avant tout des hommes de renoncement et d'amour. D'où vient, mes chers frères, que cela n'a pas été fait encore ? C'est qu'on s'est mis trop en peine de l'idée, pas assez de la vie ; trop de ce qu'un homme pense et dit, pas assez de ce qu'il fait, disons mieux, de ce qu'il est ; trop de savoir s'il accepte l'enseignement de Jésus-Christ, le peuple de Jésus-Christ, je dirais même le service de Jésus-Christ, pas assez de savoir s'il a reçu Jésus-Christ lui-même dans son cœur, et s'il le porte partout avec lui. S'il y a un trait qui ait caractérisé Jésus-Christ dans sa vie humaine, c'est cette onction intérieure et paisible dont nous parlons ; et ce que vous appelez plus spécialement vous-mêmes l'esprit de Jésus-Christ, ce n'est ni l'esprit d'activité, ni l'esprit de zèle, ni l'esprit de vérité, ni l'esprit de force, ni l'esprit de courage, quoique tout cela se soit trouvé réuni dans l'homme parfait, mais c'est l'esprit de patience, d'humilité, de renoncement, d'amour, dont vous êtes jaloux avant tout pour vous-mêmes et pour le réveil. Qu'y a-t-il donc à faire pour y parvenir, que de vivre près de Jésus-Christ et comme dans

---

a. 1Tim.5.8. « Si quelqu'un n'a pas soin des siens, et principalement ceux de sa famille, il a renié la foi, et il est pire qu'un infidèle. »

sa société intime, que dis-je ? que de le recevoir au dedans de nous, de « demeurer nous en lui et lui en nous » par le Saint-Esprit, en d'autres termes, que de nous attacher à sa personne vivante, de peur qu'on ne vienne à dire de nous-mêmes, tout orthodoxes que nous pouvons être, ce qu'on a dit, avec autant d'esprit que de vérité, du christianisme froid et négatif auquel Dieu a daigné nous soustraire : « On a enlevé mon Seigneur et je ne sais où on l'a mis ? » Croyez-en votre propre expérience. Quels sont les jours, les moments où vous avez le plus approché de cette vie spirituelle qui vous fait envie, si ce n'est ceux où vous avez vécu avec Jésus-Christ, je veux dire où une humble et fervente prière avait rempli votre cœur du Saint-Esprit, et uni votre âme étroitement à celui qui est le vrai Dieu, la vie éternelle, le Prince de la vie ? Ah ! vivons donc toujours avec lui, et nous aurons toujours la vie en abondance (Jean.10.10).

On se plaint encore que notre réveil, pris dans son rapport à l'*Église*, manque de cette union fraternelle qui doit exister entre les vrais chrétiens. Si la bonne harmonie était bannie du sein de la terre, elle devrait trouver un refuge dans le cœur des enfants de Dieu. Montrer à quel point cette union est précieuse, ce serait perdre son temps, soit quant à l'Église, qui y voit la condition première de sa prospérité, et l'espérance de cette unité de culte et de profession dont on parle tant aujourd'hui, soit aussi quant au monde, qui en croit cette union plus que tout le reste, et n'en croit pas le reste sans elle, vérifiant ainsi à sa manière cette parole du Maître : « A ceci tous connaîtront que vous êtes mes disciples, si vous avez de l'amour les uns pour les autres. » L'absence de cette union serait un deuil pour l'Église, un scandale pour le monde… Hélas ! que sert de se flatter ? Ce deuil, ce scandale existe. Chacun en sait là-dessus plus que je ne pourrais, que je ne voudrais en dire ici. Un coup d'œil jeté en passant sur nos feuilles périodiques, sur nos institutions religieuses, sur notre Église, je devrais dire sur nos Églises, suffit pour nous faire reconnaître avec confusion que ce fond d'amour fraternel qui se montre dans quelques grandes occasions, grâces à Dieu, est traversé habituellement par de tristes divisions, qui ne sont pas toujours réservées pour l'intérieur de la famille religieuse. Rendons cependant justice au réveil : cette désunion a des causes consciencieuses : elle est moins de passion que de principe ; c'est moins désaffection que dissentiment. Accordons plus encore : c'est l'abus ou le déplacement d'une chose bonne en soi. Nous avons chacun, (et ceci est vrai des Églises comme des individus), nous avons chacun, dans la vérité commune, notre position, notre aptitude, notre sympathie personnelle ; et peut-être aussi, selon ces différences, que la grâce sanctifie sans les détruire, chacun notre mission individuelle dans le plan de Dieu. Cela est bon en soi, car nul esprit n'étant capable d'embrasser la vérité par toutes ses faces à la fois, il en est qui ne seraient pas contemplées et représentées sans cette variété de dons et de tendances. Mais cela n'est bon qu'autant que ces intérêts particuliers consentiront à se ranger sous le grand intérêt général, et que les choses fondamentales, où nous sommes tous d'accord, domineront hautement dans nos mœurs, comme elles font dans l'Écriture, les choses comparativement secondaires, sur lesquelles seules on est partagé. Or, c'est là ce qui manque aujourd'hui. On s'est donné mutuellement l'exemple, inévitablement contagieux en pareille matière, de mettre au premier rang ce que Dieu a mis au second ; et l'on s'est montré aussi affirmatif, aussi intraitable, si ce n'est plus encore, sur l'accessoire que sur l'essentiel, par où l'union fraternelle est rendue impossible. On commence à le reconnaître généralement ; et en même temps que le cœur des enfants de Dieu soupire dans toutes les parties du monde après l'union, l'intelligence et l'expérience les avertissent qu'on n'y saurait arriver qu'en subordonnant franchement le secondaire au fondamental ; témoin ces *Alliances Évangéliques* qui se forment de tous les côtés, et qui, quoi qu'on puisse penser de leurs premiers essais, naissent d'un besoin éminemment chrétien et qui se fera son chemin, soyez-en sûrs. Mais, je le demande à tous mes frères : comment arrivera-t-on à donner aux choses fondamentales ce rang suprême qui leur appartient exclusivement, si ce n'est en tenant haut élevée la personne vivante de Jésus-Christ, qui est le fondement même ? Aurait-on pu se diviser pour des divergences secondaires, si l'on avait tenu les yeux fixés sur celui en qui nous sommes tous un, qui nous aime tous également, et qui est également aimé de tous ? Quand cette querelle des apôtres qui nous est rapportée dans les Évangiles aurait été aussi grave qu'elle était futile [a], pensez-vous qu'elle leur eût paru encore digne de les diviser, lorsqu'ils se trouvèrent bientôt après groupés autour de leur Maître ? Indépendamment même de sa question : « De quoi disputiez-vous en chemin ? » sa présence seule, son regard, ce trésor commun qu'ils ont en lui, ne les unissent-ils pas, et ne se trouvent-ils pas, en se rapprochant de lui, s'être, sans y songer, rapprochés les uns des autres ? Supposez une réunion formée de vrais chrétiens, répartis entre toutes ces opinions différentes qui divisent aujourd'hui le peuple de Dieu ; ils ont parlé d'Église unie et d'Église libre, de cène ouverte et de cène close, du point de vue de Luther et du point de vue de Calvin, de prédestination et de rédemption universelle, et l'on s'est animé, disputé, aigri… Que tout à coup Jésus vienne à paraître au milieu de ses disciples, comme autrefois dans cette chambre haute ; qu'il les aborde avec sa salutation favorite : « Que la paix soit avec vous ! » qu'il prie, et qu'on entende sortir ces paroles de sa bouche : « Père ! qu'ils soient un comme nous sommes un ! » — mais non, qu'il ne prie ni ne parle, qu'il soit là seulement au milieu d'eux, tous les yeux tournés vers lui … Que sont devenues toutes ces querelles ? comme tout cela est tombé au second, au troisième, au dixième rang ! C'est qu'il est arrivé un moment ce qui arriverait toujours si la personne vivante de Jésus-Christ était pour nous ce qu'elle devrait être. Ah ! donnez-moi seulement la personne vivante de Jésus-Christ, sa personne telle qu'elle était, mieux encore, sa personne telle qu'elle est, et je vous donnerai l'union des

---

a. Marc.9.33-34

frères et par elle la prospérité de l'Église et l'édification du monde. Nous avons chacun, disions-nous, notre position, nos aptitudes, nos sympathies ; mais nous n'avons tous qu'un Christ, et qui de nous le voudrait échanger contre un autre ? Pourvu qu'il soit mis en sa place, nous saurons, sans cesser d'obéir chacun à sa persuasion propre, nous comprendre, nous supporter, nous rechercher les uns les autres, et nous ferons voir encore au monde que s'il y a plus d'une bergerie, il n'y a pourtant « qu'un seul troupeau sous un seul pasteur. »

On se plaint enfin que le réveil, pris dans son rapport au *monde*, manque de vertu d'évangélisation. Ce n'est pas que l'évangélisation ait été négligée : jamais, peut-être, depuis les travaux apostoliques, elle n'a été aussi active ni aussi dévouée ; jamais, certainement, elle n'a été ni si pure, ni si étendue, même aux jours de la Réformation. L'évangélisation, une évangélisation sans passion comme sans limite, est le fait saillant et glorieux du réveil contemporain. Mais le succès, tout réel qu'il est, n'a pas paru en proportion avec les efforts et les sacrifices. Rien de comparable, près de nous, à ces grands mouvements de la Réforme qui entraînaient des populations entières ; ou si l'on répond à cela que la politique n'y avait guère moins de part que la religion, et que l'Église primitive a également ignoré ces conversions nationales, rien de comparable aujourd'hui à cette sensation générale, immense, profonde, qu'excitèrent autour d'elles et la parole des apôtres et celle des réformateurs. Le progrès d'aujourd'hui est restreint ; nous manquons de prise sur le siècle ; nous demeurons isolés. Pourquoi cela ? Parmi les personnes qui se tiennent éloignées de l'Évangile, il y en a, sans doute, comme dans tous les temps, que leur propre conscience a condamnées avant Dieu, et qui ne fuient la lumière que pour se mettre à l'aise avec leurs œuvres de ténèbres (Jean.3.19,21) ; mais il y en a d'autres, n'en doutez pas, il y en a beaucoup aujourd'hui, qui ont des sentiments plus élevés, et qui, en résistant à la vérité qu'ils admirent, pensent obéir à des besoins d'intelligence, de cœur, de conscience peut-être. Entre de tels hommes, qui ont besoin de l'Évangile sans le savoir, et nous, qui aurions tant à cœur de les y attirer, pourquoi le rapprochement ne se fait-il pas ? N'aurions-nous pas à nous en prendre un peu à nous-mêmes ? Ne serait-ce pas que nous les aurions trop abordés avec la Parole écrite et l'idée, pas assez avec la Parole vivante et la vie ? Nous leur avons offert la Bible : mais pour lire la Bible, il faudrait s'y intéresser ; pour s'y intéresser, il faudrait l'avoir lue ; comment sortir de ce cercle vicieux, sinon par une première impulsion, qu'un livre, même celui de Dieu, communique bien rarement ? Nous leur avons prouvé, par les miracles et par les prophéties, que la Bible est inspirée mais ces preuves, toutes solides qu'elles sont, n'entrent pas d'ailleurs jusqu'à ce dedans de l'homme où les grandes questions se décident, et ne sont pas dans le goût du temps, qui n'aime pas les démonstrations didactiques. Ce je ne sais quoi de plus direct, de plus pénétrant, de plus sympathique, de plus vivant enfin, c'est le mot où il en faut toujours revenir, où le trouverons-nous ? Vous avez répondu pour moi : Dans la personne de Jésus-Christ. Comptez sur elle, vous dis-je, pour se prouver en se montrant. Mettez, mettez votre auditeur devant Jésus-Christ, le Saint des saints, accomplissant la loi de Dieu avec une perfection absolue ; devant Jésus-Christ, l'empreinte terrestre de l'amour céleste, allant de lieu en lieu pour faire le bien ; devant Jésus-Christ, guérissant, consolant, pardonnant, sauvant ; — et puis voyez si la mission, l'histoire, la vie de ce Jésus, avec la perspective de l'avoir lui-même pour Consolateur et pour Sauveur, ne remuera pas jusqu'au fond de son âme. Vous n'avez pu le conduire de la Bible à Jésus essayez de le conduire de Jésus à la Bible. Donnez-lui la Bible par les mains de Jésus, comme le livre de Jésus ; un livre auquel Jésus a soumis tout son cœur, un livre qui lui a servi d'appui dans le temple, dans le désert, sur la montagne et jusque sur la croix ; et puis voyez s'il osera douter qu'il ne trouve Dieu dans un témoignage où Jésus a trouvé Dieu tout entier. Protestants, prévenus peut-être contre notre Évangile, n'est-il pas vrai que si nous vous présentions Jésus-Christ en toutes choses et toutes choses en Jésus-Christ, si nous ne vous laissions d'alternative que de recevoir ce que nous prêchons ou de rejeter Jésus-Christ, votre choix serait bientôt fait ? Catholiques-romains, n'est-il pas vrai que si nous ne vous présentions jamais dans ces discours que Jésus-Christ, et Jésus-Christ dans la plénitude de sa double vie ; si nous vous offrions dans sa personne vivante la réalité de cette présence réelle que vous avez eu raison de chercher, mais que vous avez eu tort de demander à la vue et à la chair, au lieu de la demander à la foi et au Saint-Esprit, vous seriez avec nous, je ne dis pas de nom, ce n'est pas ce que je cherche, mais d'esprit et de cœur ? Et vous-mêmes, sages et savants de ce siècle, lumières du monde, que nous voudrions voir converties en lumières de Dieu, n'est-il pas vrai que si nous savions effacer ou subordonner tout le reste pour ne laisser paraître que Jésus-Christ, vous auriez trouvé en lui ce que votre esprit pressent, ce que votre cœur appelle, ce que votre conscience réclame ? Non, mes frères, non, jamais on ne saura tout ce que l'Évangile a de puissance et de droit sur l'homme, sur tout homme, (car c'est, comme l'Apôtre, « à tout homme [a] » que nous en voulons), jusqu'à ce que nous ayons proclamé dans toute sa gloire Jésus-Christ lui-même, sa personne, sa vie. A la hauteur où l'on se trouve alors transporté, toutes les pensées grandes et vraies se rencontrent et se rejoignent, comme dans une région supérieure et chacun reconnaît à sa manière, s'il a le cœur droit, que Jésus est le repos de l'homme, la lumière de l'homme, le salut de l'homme, le Dieu de l'homme ; qu'en entrant dans le monde, « il est venu chez soi, » et que « les siens » ne peuvent refuser de le recevoir, que sous peine de se condamner eux-mêmes.

Avais-je tort de dire, mes frères, que la prédication de la personne vivante de Jésus-Christ, nécessaire en tout temps, l'est doublement à notre époque, où elle peut seule réaliser toutes les espérances du réveil, et en faire aboutir la crise actuelle à un magnifique progrès ?

---

a. Col.1.28

Entre la génération apostolique et la nôtre, le christianisme a eu deux grands moments de gloire et de prospérité : l'Église primitive et l'Église de la Réformation. Unies par le fond de la foi, elles ont été marquées cependant par des tendances différentes, de telle sorte qu'incomplètes l'une sans l'autre, elles s'achèvent réciproquement. Tel est le caractère des choses humaines ; l'inspiration jouit seule du privilège de pourvoir à tout dans un parfait équilibre, parce que dans l'inspiration, ce n'est pas l'homme qui voit, c'est le Saint-Esprit.

L'Église primitive, époque enfantine et naïve, animée de cette vie première qui ne songe pas à se replier sur elle-même, d'ailleurs toute pleine des souvenirs de la personne du Sauveur et presque témoin de sa présence dans la chair, a été tendrement préoccupée de la Parole vivante. Elle s'entretient de Jésus-Christ, comme d'un ami qui vient de partir et qui va revenir ; faut-il s'étonner de cette vivacité charmante de joie et d'espérance qui la caractérise ? Elle s'est peinte d'un seul trait dans ce mot de l'un de ses représentants les plus fidèles, saint Polycarpe : « Tout chrétien doit être un *christophore*, » c'est-à-dire, un porteur du Christ. Elle est moins occupée de la Parole écrite, surtout du Nouveau Testament, qu'elle a d'ailleurs à peine eu le temps de recueillir. On dirait qu'à la courte distance où elle se trouve des choses vivantes, elle sent moins que nous le besoin des témoignages écrits, ou bien qu'elle voit les apôtres de trop près pour mesurer toute la hauteur dont ils s'élèvent au-dessus de tout ce qui les entoure. C'est la période de la vie, plus que de l'Écriture. Son apôtre de prédilection, on pouvait le pressentir, c'est saint Jean ; et c'est lui qu'elle a honoré du nom de *Théologien*, que notre réveil, aussi bien que la Réformation, aurait sans contredit réservé plutôt à saint Paul.

Au seizième siècle, tout a changé de face. C'est la même piété : ce sont d'autres temps. La mission de la Réforme est de retirer la Parole écrite de dessous le boisseau dont on la tenait couverte pour abuser impunément de son nom. Cette mission, elle l'accomplit glorieusement. Elle rassemble les forces des sciences et des lettres renaissantes pour étudier cette Parole, en retracer l'origine, en reconnaître les titres, en proclamer l'autorité divine, devant laquelle toute lumière humaine doit s'abaisser. A la faveur de l'imprimerie, qui semble n'avoir été inventée que pour cela, elle donne à cette Parole une circulation jusqu'alors inconnue. Elle l'explique dans des commentaires qui s'élèvent du premier bond au-dessus de tout ce qu'avait produit le moyen âge, ou même l'Église primitive. Enfin, elle la résume dans des confessions de foi qui, pour l'intelligence de la doctrine, la clarté de l'exposition, l'ordre et les proportions des matières, la plénitude des enseignements, l'emportent de beaucoup sur tout ce qui avait précédé, et qui ajoutent à tous ces mérites celui d'une harmonie essentielle, que leur nombre et leurs divergences secondaires ne servent qu'à faire mieux ressortir. C'est véritablement la période de la Parole écrite ; c'est dans une moindre mesure celle de la Parole vivante. Non que le Saint-Esprit et la personne de Jésus-Christ n'aient été contemplés, proclamés par la Réforme ; mais ils ne l'ont pas été autant que l'autorité des Écritures. Cette période a aussi son apôtre favori ; c'est saint Paul, on pouvait le pressentir encore ; et si la Réforme ne lui a pas donné un nom de prédilection, comme l'Église primitive à saint Jean, c'est qu'elle eût craint sans doute de blesser un principe ; mais saint Paul n'en est pas moins évidemment l'homme de Luther, de Calvin, de la Réformation en général.

Eh bien, il ne s'agit pas pour nous de choisir entre ces deux époques, encore moins entre ces deux grands apôtres en qui elles se personnifient de préférence, il s'agit de les combiner. Il y a du seizième siècle dans le premier, et du premier siècle dans le seizième ; et il est bien superflu d'ajouter qu'il y a du saint Paul dans saint Jean, qui se montre si jaloux de la doctrine, et du saint Jean dans saint Paul, qui ne l'est pas moins de la vie [a]. Adopter à la fois la tendance de l'Église primitive et celle de l'Église des réformateurs, non pour les

---

a. 2Cor.5.17 ; 2Jean.1.10, etc.

opposer l'une à l'autre, mais pour les fortifier l'une par l'autre ; les rassembler dans une nouvelle période qui, réalisant complètement ce fond de l'Évangile où elles ont puisé l'une et l'autre, donnera une égale gloire à la Parole écrite et à la Parole vivante ; et par là satisfaire tout ensemble au double besoin de la foi et au double vœu de la nature, en tenant un compte égal de la doctrine et de la vie, du livre et de l'esprit, voilà, selon moi, la tâche de l'époque vers laquelle nous marchons, voilà le caractère de l'Église à venir que j'appelle de tous mes vœux.

Si donc, par *Église de l'avenir*, quelqu'un entendait une Église émancipée, où la Parole écrite perdrait quelque chose de cette antique autorité que les siècles ont reconnue, éprouvée et confirmée, et où l'enseignement ferme et permanent de cette Parole ferait place à l'enseignement mobile et personnel de l'esprit humain, nous ne voulons pas d'une telle Église de l'avenir. Mais si par l'Église de l'avenir on entend, comme nous, une Église où la Parole écrite et la Parole vivante régneront avec des titres égaux, parce qu'ils sont divins ; où la Parole écrite, demeurant avec toute son autorité, nous donnera la Parole vivante dans toute sa plénitude, et où la Parole vivante, rendant à la Parole écrite gloire pour gloire, nous la renverra comme récrite de la main de celui qui l'inspira ; où Jésus-Christ, remplissant de sa présence non seulement le ciel et la terre, mais l'Écriture de vérité et le cœur du fidèle, se posera devant la conscience de l'Église comme le Dieu Sauveur et le Rocher d'éternité ; où dogme, morale, histoire, inspiration, apologétique, critique même, tout sera contemplé dans le sein vivant de son être, et comme au travers de sa personne ; où le témoin de la vérité sera Jésus-Christ, l'interprète des Écritures Jésus-Christ, la vertu des miracles Jésus-Christ, la substance des prophéties Jésus-Christ, l'abrégé de l'histoire Jésus-Christ, le résumé de la doctrine Jésus-Christ, la voie du salut Jésus-Christ, la loi du fidèle Jésus-Christ, le trésor de son âme Jésus-Christ, la vie de sa vie Jésus-Christ… oh ! vienne alors, vienne l'Église de l'avenir, hâtée par les prières de tous ceux qui ont appris du disciple bien-aimé à dire « Seigneur Jésus, viens ! » Qu'elle vienne, et qu'elle secoue sur nous, de ses ailes enflées par le souffle de Dieu, une nouvelle rosée de la vertu d'en haut, une nouvelle onction d'union fraternelle et une nouvelle moisson mûrissant pour le ciel ! Qu'elle vienne, et qu'elle rassemble dans une même foi, dans un même esprit, dans un même travail, et la studieuse Allemagne, et la consciencieuse Angleterre, et l'entreprenante Amérique, et l'active France, et tous les peuples, sous tous les climats ! Qu'elle vienne, et qu'elle amène ces jours de grâce où les noms de calviniste, de luthérien, d'anglican, de morave, de national, d'indépendant, et pourquoi n'ajouterais-je pas, les noms de protestant, de catholique, de grec, tomberont absorbés dans un seul nom, celui de leur Seigneur et du nôtre, Jésus-Christ ! Qu'elle vienne, et que les Prophètes l'appellent, que les Apôtres la saluent, que les Pères la louent, que les Réformateurs la bénissent, que tous les saints l'accueillent avec joie, sans compter les anges qui attendent sa venue pour entonner avec elle un nouveau cantique à la gloire de celui dont elle portera le nom et l'image ! Qu'elle vienne… Mais plutôt toi, « Seigneur Jésus, viens ! » Viens, pour qu'un entraînement humain ne nous dérobe pas ton Esprit par les efforts mêmes que nous faisons pour le saisir ! Viens, pour ne laisser pas tourner à l'idée jusqu'à cette méditation sur le danger de substituer l'idée à ta personne vivante ! Viens, et nous ne cesserons de parler de toi que pour te mieux recueillir dans le calme de la prière et dans le silence de l'amour !

Note A

Ce point est un peu obscur peut-être, mais il est capital. Noblement asservi à la loi de l'unité, notre esprit, qu'il s'en rende compte ou non, cherchera inévitablement un centre auquel il puisse rapporter son existence morale ; et faute de le prendre où Dieu l'a mis, dans la personne de son Fils, il le prendra dans quelque autre objet choisi d'après sa personnalité propre tantôt dans un dogme, tel que la justification par la foi ou l'élection de grâce ; tantôt dans un précepte, tel que la vie de renoncement ou l'activité de l'évangélisation ; tantôt peut-être, que sais-je ? dans un article plus individuel encore, et moins capital en proportion, tel que la doctrine, si ce n'est la discipline de la cène, ou le rapport normal de l'Église à l'État. Mais faisons l'hypothèse la plus favorable que ce centre moral ne soit pris que dans un côté vital, essentiel de l'Évangile. Même alors, ce point spécial et privilégié absorbant nos regards au préjudice du reste, nous porterons dans notre domaine spirituel une perturbation semblable à celle que portaient dans le monde physique ces astronomes anciens qui donnaient leur habitation pour centre à tout le mouvement céleste. Au fond, chacun se fait toujours son Christ ; si ce n'est le véritable, c'en sera un autre, et l'équilibre sera rompu ; ce précieux équilibre, si merveilleusement gardé dans les Écritures, et sans lequel la piété la plus sincère ne sera pas exempte d'un certain air étroit ou exclusif, également préjudiciable à notre développement personnel et à notre influence au dehors.

Note B

C'est quand la prédication sera conçue dans cet esprit, que notre Évangile sera tout à la fois le plus spirituel et le plus exact le plus spirituel, car entre la personne vivante de Jésus-Christ et nous, il n'y a de communication possible que par l'intermédiaire du Saint-Esprit ; mais aussi le plus exact, car la doctrine n'est jamais plus nette, plus ferme, que lorsqu'elle se fond dans les réalités de l'histoire et de la vie. C'est alors que notre Évangile sera tout à la fois le plus populaire et le plus philosophique le plus populaire, car les choses spirituelles prennent de la vie et presque du corps dans la personne de Jésus-Christ, et assurément, le Christ vivant, allant, parlant, mourant, sa parole pour toute doctrine, son exemple pour toute morale, sa mort pour toute rédemption, trouvera plus d'accès dans la tête d'un enfant que les droits de la loi divine, ou le péché originel, ou la justification par la foi ; mais en même temps le plus philosophique, car quel est le problème éternel de la philosophie, si ce n'est le fond réel des choses, l'unité substantielle, l'être en soi, c'est-à-dire la vie ? et quelle vie plus vivante, (je ne sais pas d'autre mot), que celle qui nous apparaît en Jésus-Christ, sortant toute faite du sein du Père, sans avoir suivi le chemin du système et subi l'élaboration rapetissante de l'esprit humain ? C'est alors enfin que notre Évangile sera tout à la fois le plus saisissant pour le cœur et le plus lumineux pour l'intelligence : le plus saisissant, car rien ne remue comme la vie, rien n'attache le cœur comme la personne réelle, surtout quand cette personne est celle du plus aimant et du plus aimable de tous les êtres ; mais en même temps le plus lumineux, car toute lumière véritable suppose la vie et procède de la vie, selon cette parole profonde de notre apôtre, qui en complète une autre déjà citée : « En elle était la vie, et la vie était la lumière des hommes. » Ici, remarquez-le bien, c'est la vie qui fait la lumière, non la lumière qui fait la vie.

Note C

Ce discours fut prononcé à Paris, le 31 octobre 1847, pour mon installation comme suffragant de M. le pasteur Juillerat. Je l'ai dépouillé des allusions qui en faisaient un discours de circonstance, pour n'en conserver que la pensée générale. Toutefois l'occasion spéciale pour laquelle il a été préparé est demeurée empreinte dans le caractère des développements, ce qui fait qu'il s'adresse plus particulièrement, dans certains passages, aux prédicateurs de l'Évangile.

Quelques amis qui ont beaucoup de crédit sur mon esprit ont jugé que les observations critiques que j'ai présentées sur les tendances du réveil religieux contemporain pouvaient être mal comprises, et m'ont conseillé de les supprimer à l'impression. Je n'ai pu me rendre à leur sentiment. Ce morceau me paraît renfermer des remarques vraies et utiles, et je le maintiens, en invitant mon lecteur à y appliquer le précepte de l'Apôtre : « Examinez toutes choses, retenez ce qui est bon. » Il ne faut pas oublier d'ailleurs que le terme *réveil contemporain* est trop étendu pour n'admettre point de différences de temps et de lieux. J'ai dit ce que j'ai observé autour de moi, hélas ! et en moi, à l'époque déjà distante de nous où j'ai parlé.

Paris, 17 janvier 1856.

La Vocation de l'Église

Lecture de Actes 2.37-47

Ayant ouï ces choses, ils eurent le cœur touché de componction, et ils dirent à Pierre et aux apôtres : Hommes frères, que ferons-nous ? Et Pierre leur dit : Convertissez-vous, et que chacun de vous soit baptisé au nom de Jésus-Christ, en rémission des péchés ; et vous recevrez le don du Saint-Esprit : car la promesse est pour vous, et pour vos enfants, et pour tous ceux qui sont loin, autant que le Seigneur notre Dieu en appellera à soi. Et par plusieurs autres paroles, il les conjurait et les exhortait, disant : Sauvez-vous de cette génération perverse. Ceux donc qui reçurent favorablement sa parole furent baptisés ; et en ce jour-là furent ajoutées environ trois mille âmes. Or, ils persévéraient dans la doctrine des apôtres, et dans la communion, et dans la fraction du pain, et dans les prières. Toute personne fut saisie de crainte, et beaucoup de miracles et de prodiges se faisaient par les apôtres. Et tous ceux qui croyaient étaient ensemble, et ils avaient toutes choses communes ; et ils vendaient leurs possessions et leurs biens, et les distribuaient à tous, selon que chacun en avait besoin. Et chaque jour, persévérant d'un commun accord dans le temple, et rompant pain de maison en maison, ils prenaient leur nourriture avec joie et simplicité de cœur, louant Dieu, et trouvant grâce devant tout le peuple. Et le Seigneur ajoutait tous les jours à l'Église ceux qui se sauvaient.

Mes frères,

Depuis quelques années, et plus spécialement depuis cette secousse terrible que notre dernière révolution politique a donnée au pays et au monde, il s'opère, dans la tâche du réveil religieux contemporain, une transition que l'on pourrait résumer en disant qu'il passe du croyant à l'Église, et de la régénération individuelle à la régénération collective. Ne parlons que de ce qui se voit dans l'Église évangélique de France, bien qu'un mouvement semblable se fasse sentir dans toutes les Églises évangéliques de la chrétienté. Notre réveil religieux, qui a suivi de près la paix générale, ayant accompli désormais ce qu'on peut appeler sa première génération, et entrant dans la seconde, entre en même temps dans une phase nouvelle de son développement.

Placé, au début, en présence d'une incrédulité ou d'une indifférence presque universelle, qui, loin de permettre de porter remède au désordre de l'Église, permettait à peine de le sentir, le réveil n'a guère été occupé que de rallumer la foi éteinte dans le cœur des individus, en leur annonçant Jésus-Christ, ce « Dieu manifesté en chair, » qui a fait par lui-même l'expiation de nos péchés, et qui, de sa pure grâce, par la foi, appelle, justifie, régénère et sauve l'homme perdu par ses œuvres. Mais aujourd'hui que cette doctrine de vie, qui a paru si étrange il y a trente ans, peut être tenue pour acquise à la conscience ecclésiastique, aujourd'hui que la facilité avec laquelle elle est reçue de nos troupeaux lui épargne les embarras d'une lutte sérieuse, et tout ensemble lui en refuse le mouvement et l'intérêt, (telle est la condition des choses humaines), l'instinct du réveil le pousse à de nouvelles conquêtes, par de nouveaux combats. Tout jaloux qu'il est d'annoncer la vérité évangélique à qui l'ignore, et de la défendre contre qui la nie, il n'en fait plus son affaire principale ; cette position-là est prise, et il aspire, tout en la gardant, à se porter en avant pour en occuper une autre. Cette autre position, c'est la réalisation pratique de la foi chrétienne dans la vie, non plus de tels ou tels individus isolés, mais d'une société au sein de laquelle elle puisse à la fois s'étendre et se concentrer, en s'y développant tout entière et en tous sens. En deux mots : aux croyants dans l'Église, le temps est venu de faire succéder l'Église des croyants.

La vérité de cette remarque éclate dans tout ce qui nous entoure. Qui ne voit qu'à tort ou à raison, la question d'Église grandit chez nous d'année en année, partout où le réveil a pénétré ? Qui ne voit qu'en religion comme en politique, les grandes querelles de l'époque sont les querelles intérieures, et que le vrai débat est moins aujourd'hui de croyant à non-croyant sur le fond de l'Évangile, que de croyant à croyant sur la réforme des Églises anciennes et sur la constitution de l'Église nouvelle ? Qui ne voit que les controverses les plus agitées, dans nos journaux, dans nos brochures, dans nos livres, peuvent toutes se résumer en un seul mot, l'Église ; et qu'il n'est pas jusqu'à la doctrine elle-même qui ne soit entraînée dans ce mouvement, et qui, par un renversement étrange, n'emprunte à l'Église l'appui qu'elle devrait lui donner ? Qui ne voit que les hommes pieux qui sortent des Églises établies et ceux qui y demeurent ne diffèrent pas tant sur les conditions de l'Église fidèle que sur les moyens à prendre pour les réaliser, et que tout le peuple de Dieu travaille d'un même cœur à l'Église future, ainsi que Noé à son arche, comme à l'unique refuge contre le déluge à venir ? Que dis-je ? je pourrais en appeler aux instincts du siècle lui-même, tout étranger qu'il semble à cette matière. Également fatigué et de théories qui l'égarent, et de réalités qui le trompent, le siècle a soif d'une doctrine à la fois pratique et désintéressée, pour soulager les maux de l'humanité, et la mettre en possession des avantages que le Créateur lui a destinés : il rêve, il poursuit une société nouvelle, fondée sur le sacrifice et la charité. Il lui reste à comprendre, quoiqu'il semble commencer de l'entrevoir, que Jésus-Christ, qui lui a seul suggéré l'idée de ce royaume de Dieu sur la terre, peut seul aussi lui en donner l'accomplissement, les principes de Jésus-Christ ne pouvant recevoir leur application que dans la société de Jésus-Christ, c'est-à-dire dans la vraie Église chrétienne. Le siècle le sent confusément, et il aspire à sa manière à une Église chrétienne digne de son nom, et fidèle à sa vocation.

Je crois donc répondre à un besoin général de l'Église contemporaine en prenant pour sujet de ce discours cette question : Quelle est la vocation de l'Église ? et que doit être l'Église pour y répondre ? Par l'Église, j'entends ici non l'Église particulière à laquelle je suis attaché, mais l'Église visible de Jésus-Christ en général, et cette Église envisagée moins telle qu'elle est, que telle qu'elle doit être. Je me place à un point de vue élevé, spirituel, d'où la tâche que je vais étudier est également imposée à toutes les Églises contemporaines, — hélas ! et ne pourrais-je pas ajouter, la réforme que je vais presser également nécessaire pour toutes ?

En cherchant à peindre la vocation de l'Église, je pourrais toucher un double écueil : celui de la poésie, si je faisais un tableau purement imaginaire, et celui de l'histoire, si je rabaissais ce qui doit être au niveau de ce qui est. Je ne vois pas de plus sûr moyen pour éviter à la fois l'un et l'autre, que de prendre pour type l'Église primitive de Jérusalem, où la réalité vivante s'unit à une beauté presque idéale. Aussi bien, cette Église est la première décrite dans le Nouveau Testament, et la seule qui le soit avec quelque détail. C'est là que nous surprenons l'Église à sa naissance, avant qu'elle ait eu le temps de cacher sous des formes locales ces grands traits simples et primitifs que j'ai à cœur de dégager ; ou du moins, s'il s'y ajoute certaines formes locales, car elles sont inséparables de l'existence, ce sont les plus naïves, les plus enfantines, et s'il m'est permis d'ainsi dire, celles qui sont le plus près de la vie. L'Église de Jérusalem est l'Église vivante, mais non encore organisée : c'est précisément ce qu'il faut pour l'étude qui nous occupe. Le Saint-Esprit lui-même en a ainsi jugé, puisqu'il ne présente à notre imitation aucune Église organisée, et qu'il soustrait à nos regards celle même de Jérusalem dès qu'elle revêt une organisation arrêtée. A cette raison, qui eût suffi pour me faire choisir ce texte, je devrais dire peut-être pour l'accepter, tant il s'offrait de soi-même à mon esprit, se joint une raison de charité. Mon sujet de ce jour n'est pas exempt d'une certaine délicatesse, par la divergence des meilleurs chrétiens sur la question de l'Église ; mais que peut-il rester de cette délicatesse, quand on transporte la question dans l'Église de Jérusalem, c'est-à-dire sur le terrain même de l'amour fraternel ? C'est le bonheur de mon texte, que laissant dans l'ombre tous ces points de constitution qui partagent les enfants de Dieu, il étale à nos yeux un trésor commun de charité qu'ils sont tous également heureux de contempler, également fiers de montrer au monde.

L'Église de Jérusalem, étant la première que le monde ait vue, nous instruit déjà par son existence même, où se révèle pour la première fois le grand fait de l'Église et sa vocation générale.

Cette vocation ne saurait être ni plus brièvement, ni plus complètement résumée qu'elle l'a été par les Écritures, lorsqu'elles définissent l'Église *le corps de Jésus-Christ*[a]. Plus on réfléchira sur cette définition, plus on y trouvera de vérité et de lumière. L'Église est à Jésus-Christ ce qu'est à notre âme le corps par lequel elle est mise en rapport avec le monde extérieur : le corps annonce la présence et transmet l'action de l'âme ; l'Église sert de signe à la présence de Jésus-Christ et d'instrument à son action. Ce rapprochement m'en rappelle un autre que l'Écriture a trouvé dans le même ordre de pensées, creusé plus profondément : l'Église est à Jésus-Christ ce qu'est au « Dieu que personne ne vit jamais, » ce « Fils unique qui nous l'a fait connaître, » (Jean.1.18) et « en qui toute la plénitude de la divinité habite corporellement. » (Col.2.9) Comme Jésus-Christ a rendu visibles dans son humanité, mieux que n'a fait le monde avec

---

a. Eph.1.22-23 ; 4.15-16 ; 5.23 et suivants ; 1Cor.12.27, etc.

tous ses ouvrages, « les choses invisibles de Dieu (Rom.1.20), » tellement qu'il a pu dire : « Celui qui m'a vu a vu mon Père, (Jean.14.9) » ainsi l'Église, recueillant, pour les distribuer entre ses membres, les grâces « infiniment diverses (Eph.3.10) » dont le siège et la source est en Jésus-Christ, et devenue ainsi, selon une glorieuse expression de saint Paul, « la plénitude de celui qui remplit tout en tous (Eph.1.23), » rend en quelque sorte au monde Jésus-Christ devenu invisible aux regards charnels, mais habitant en elle jusqu'à la fin par son Esprit. Elle fait plus encore que de le rendre à qui l'a vu : elle le montre à ceux-là mêmes qui ne l'ont jamais vu [a]. Pour lui, durant « les jours de sa chair, » il n'a été visible que dans un seul pays et pour un seul peuple ; mais son Église, répandue sous tous les climats, va porter à la terre entière le nom et l'image de son Sauveur, et faire passer partout cet idéal de l'espèce humaine qui réside en lui, de sa réalité historique à une réalité vivante et toujours contemporaine.

Sentez-vous bien tout le prix de cette mission ? L'Église ne crée pas la vie, cela est vrai, mais elle la recueille et la concentre : par où elle enfante une vie d'ensemble, qui a son utilité propre, tout en réagissant avec puissance sur la vie individuelle dont elle émane. Les croyants sont avant l'Église, et chacun d'eux représente, pour sa part, Jésus-Christ sur la terre, « étant membre de son corps, de sa chair et de ses os [b]. » Mais ces membres sont isolés et privés de vie commune, ou tout au moins de vie commune appréciable pour l'œil de l'homme, jusqu'au jour que le Saint-Esprit les rapproche, les adapte les uns aux autres, et les assemble en un corps qui est l'Église. Par là, tout à la fois, chacun des membres, mis en la place et soumis aux rapports qui lui conviennent, accomplira, dans les meilleures conditions possibles, la mission qui lui est propre ; et leur réunion donnera naissance à un être distinct et harmonique, qui manifestera, disons mieux, qui personnifiera Jésus-Christ, et qui portera la vie chrétienne à la plus

---

a. 2Cor.5.16 ; Matth.28.20 ; 1Pi.1.8
b. Eph.5.30 ; 1Cor.12.27

haute perfection où elle puisse atteindre, par une merveilleuse combinaison de la vie individuelle avec la vie collective. C'est donc dans l'Église qu'il faut chercher le déploiement pratique, réel, visible, de la vie chrétienne, tant intérieure qu'extérieure ; c'est à l'Église qu'il faut demander, et l'accroissement achevé de Jésus-Christ dans les siens, et la complète révélation de Jésus-Christ devant le monde ; c'est l'Église enfin qui est le dernier mot de l'Évangile. Elle l'est d'autant mieux, remarquez-le bien, qu'elle l'est par la vertu secrète et inconsciente de la vie. L'action commune de l'Église diffère essentiellement d'avec l'action concertée d'une association : l'action de l'Église est le fruit non du concert, mais de l'harmonie ; elle s'exerce non par voie de délibération, mais spirituellement, spontanément, et sans qu'elle s'en rende compte à soi-même. Je ne puis la comparer qu'à l'action commune du corps et de l'âme, agissant dans un accord d'autant plus parfait, qu'il n'est pas dû à un parti pris de se rapprocher et de s'entendre.

Toute cette belle théorie s'est réalisée dans l'Église de Jérusalem. Elle rend Jésus-Christ au monde, pour lequel il semblait perdu. Ses ennemis se flattaient de l'avoir à tout jamais banni de la terre : mais le voici qui reparaît sur la scène, qui se promène dans les rues de Jérusalem, qui visite le temple, qui guérit les malades, qui remet les péchés ; le voici qui fait tout cela comme autrefois, que dis-je ? mieux qu'autrefois, dans la personne de son Église, qui lui sert comme d'enveloppe visible, mais transparente. Grâce à l'Église, la présence de Jésus-Christ n'a jamais été plus sensible que depuis qu'elle est devenue invisible et spirituelle. C'est que la fondation de l'Église est l'ouvrage du Saint-Esprit, qui révèle Jésus-Christ au monde plus clairement que n'a fait Jésus-Christ lui-même (Jean.16.7). Tandis que Jésus-Christ est sur la terre, il se renferme dans un ministère individuel : il appelle autour de lui des disciples, qu'il amène à la foi par ses leçons et par les faits de sa vie, de sa mort et de sa résurrection ; mais l'Église, il ne l'établit pas, quoiqu'il la nomme comme si elle était déjà (Matth.18.18); on dirait qu'il en devance les temps par une sainte impatience de la voir paraître... Ce temps arrive enfin, et c'est le temps, c'est le propre jour où le Saint-Esprit est répandu : l'Esprit descend du ciel, l'Église naît sur la terre. Il suffit de lire le chapitre qui m'a fourni mon sujet et plus spécialement les versets qui précèdent mon texte (Act.2.37-41), pour reconnaître que cette nouveauté inouïe dont l'Église de Jérusalem offre le spectacle au monde est tout entière l'œuvre et la gloire du Saint-Esprit ; c'est lui qui appelle les disciples de Jésus-Christ, et les rassemble au nom de Jésus-Christ pour en former le corps de Jésus-Christ. Cette place prépondérante du Saint-Esprit se révèle par l'ordre même dans lequel les choses se passent ici, et qui est inverse de celui qui avait été observé dans la création de l'homme. Dans la création de l'homme, le corps naît le premier, et reçoit ensuite de Dieu le souffle qui en fait une âme vivante ; dans la formation de l'Église, aussi bien que dans l'incarnation du Fils de Dieu, c'est l'Esprit éternel qui vient le premier, et qui appelle à lui le corps où il veut se rendre visible et par lequel il veut agir sur la terre (1Cor.15.45-47). Alors, à côté de la prédication des apôtres, que ce même Esprit a revêtue d'une vertu nouvelle, commence une prédication plus puissante encore, celle du peuple de Dieu : ce que les apôtres annonçaient, il le montre, et la parole se convertit en action dans l'Église. Cette transition de Jésus-Christ au Saint-Esprit et des premiers croyants à la première Église, offre quelque analogie avec celle que nous remarquions tantôt parmi nous et par laquelle notre réveil passe de sa première phase à la seconde ; c'est qu'elle est dans la nature des choses, qui ne change point avec le temps : l'Évangile, par son caractère spirituel, procède du dedans au dehors et commence par agir sur l'individu, pour arriver plus tard, par l'individu, à une action collective.

Mais cette action collective, qui est la vocation propre de l'Église, en quoi consiste-t-elle ? C'est encore le tableau de l'Église primitive qui va nous l'apprendre : nous n'avons qu'à suivre l'ordre que s'est proposé l'auteur sacré. Il envisage l'Église sous un triple rapport : son rapport à Dieu, dont elle émane ; son rapport aux croyants, dont elle est formée ; son rapport au monde, dont elle se sépare. De là trois applications de la vie du Saint-Esprit dans l'Église la *vie religieuse*, quant à Dieu ; la *vie fraternelle*, quant aux croyants ; la *vie missionnaire*, quant au monde.

La vie de l'Église commence *en Dieu* : « Ils persévéraient dans la doctrine des apôtres, et dans la communion, et dans la fraction du pain, et dans les prières. » Telle est la vie religieuse de l'Église primitive, et le secret ressort de la vie civile de ses membres. Je dis de leur vie civile, car rien ne donne à penser qu'ils se soient soustraits aux soins de la vie active, publique ou privée : l'Église n'est pas un couvent. Entre la vie stérile du cloître et la vie profane du siècle, il y a une vie religieuse, qui se remplit du ciel, mais pour le transporter sur la terre, et qui se retrempe incessamment dans la communion de Dieu, pour l'accomplissement de sa tâche humaine. Elle s'y retrempe, non par les contemplations d'un mysticisme vide et présomptueux, mais par l'humble et obéissant usage de ces exercices spirituels que Dieu lui-même a prescrits, et qui servent à sa grâce comme de conduits pour se répandre. Cette vie est l'âme de l'Église primitive. Les voici, ces chrétiens de Jérusalem, puisant à l'envi dans ces canaux célestes, avec « une persévérance » qui dit tout, à elle seule, sur leurs dispositions intérieures, parce qu'elle suppose la foi, l'ardeur et tout le reste. La Parole de Dieu, le culte commun, les sacrements, la prière, aucune des armes de la sainte guerre n'est négligée par ces hommes fidèles, jaloux de « se fortifier dans le Seigneur et dans le pouvoir de sa force ». (Eph.6.10-13)

La Parole de Dieu : ils persévéraient « dans la doctrine des apôtres ; » et sur les pas de ces témoins inspirés de Jésus-Christ, qui, non contents d'avoir confessé la vérité salutaire au jour de la Pentecôte, continuent de la confirmer et de la développer « en public et par les maisons (Act.20.20), » ils pénètrent toujours plus avant dans la connaissance et dans l'intelligence des Écritures divines.

Le culte commun : ils persévéraient « dans la communion ; » par où l'on doit entendre ici la vie commune religieuse, dont les sacrements et les prières publiques, nommées aussitôt après, sont les deux applications principales [a]. Ils ont compris que les croyants peuvent plus rassemblés qu'isolés, soit pour fléchir le cœur du Seigneur, soit pour réveiller les consciences endormies soit enfin pour s'affermir mutuellement dans la voie de Dieu, s'excitant à la charité et aux bonnes œuvres ; » et ils n'ont garde d'abandonner des réunions qui ont tant de promesses [b].

Les sacrements : ils persévéraient « dans la fraction du pain, » c'est-à-dire dans la cène du Seigneur. Les sacrements sont pour eux, selon une belle définition de saint Augustin, « des signes visibles de la grâce invisible de Dieu, » ou, selon la définition plus simple encore et plus profonde de saint Paul, « des sceaux de la justice de la foi (Rom.4.11). » Ils ont commencé par être « baptisés en rémission des péchés, » mais baptisés avec connaissance de cause et en vertu d'une confession personnelle ; et maintenant, admis dans l'Église par ce sacrement de la naissance, ils se fortifient dans la foi par le sacrement de la nourriture, célébré fréquemment, à la suite de leurs agapes fraternelles, ou même tous les jours, à la suite de leurs repas de famille [c].

Enfin, *la prière* : ils persévéraient « dans les prières. » C'est par de constantes prières que les cent vingt de la chambre haute avaient

---

a. Avec Neander ; et non, avec Olshausen, la communauté des biens, ni, avec de Wette, la vie commune générale. Olshausen oppose à notre interprétation que la *communion* devrait alors être nommée avant la *doctrine des apôtres*, l'exposition de la Parole n'étant elle-même qu'une des applications de cette vie religieuse commune. Cela est vrai logiquement ; mais historiquement la parole des apôtres a tout précédé, puisqu'elle a tout créé ; on comprend aisément dès lors qu'elle ait été nommée la première.

b. Matth.18.19 ; 1Cor.14.23-25 ; Hébr.10.24-25

c. Act.2.37-41,46 ; 8.37

appelé la venue du Saint-Esprit et la fondation de l'Église ; c'est aussi par de constantes prières que l'Église naissante s'inaugure et s'affermit, en appelant dans son sein une mesure toujours plus abondante de cet Esprit auquel elle doit tout ce qu'elle est, et qui seul peut donner la vie et à la Parole, et au culte, et aux sacrements. Ainsi, nourrie de la Parole de Dieu par la prédication apostolique, mise en rapport avec Dieu par un culte spirituel, marquée des sceaux de Dieu par les sacrements, remplie de l'Esprit de Dieu par la prière, voilà l'Église ; l'Église, cette image vivante de Dieu qu'il ne faut que contempler, pour reconnaître dans ses traits celui qu'elle annonce au monde. Ayant, comme Moïse, vécu avec Dieu sur la montagne, elle en rapporte, comme lui, dans la plaine « un visage resplendissant (Exode.34.29-35), » où se peignent et se reflètent « les perfections invisibles » de ce Dieu trois fois saint.

Voulez-vous voir comme à l'œil les titres de la foi et sa gloire céleste ? Il y a une société sur la terre, qui a mission d'y rendre visibles les choses du ciel, en leur donnant un corps et une réalité pratique ; une société, où la vérité divine de la Parole se déclare par les fruits qu'elle enfante, le prix du culte commun par la bénédiction qui l'accompagne, la vertu salutaire du sacrement par le bien qu'il fait à l'âme, la puissance de la prière par des prières aussi souvent exaucées qu'entendues : cette société, c'est l'Église. Voulez-vous découvrir un lieu de repos où poser le pied au sein de ce matérialisme pratique qui envahit aujourd'hui la race humaine, et au travers de ces agitations convulsives qu'il y soulève de toutes parts ? Il y a une société sur la terre, qui s'élève au-dessus du monde, tout en demeurant dans le monde (Jean.17.14), parce qu'elle voit toutes choses en Dieu et Dieu en toutes choses ; une société, qui, dans ces hautes régions qui lui sont familières, respire une paix sereine autant qu'elle est pure, non cette paix d'étourdissement où le monde endort ses victimes, non cette paix de justice propre que tant de cœurs abusés demandent aux œuvres, aux pénitences ou à la solitude, mais cette paix de la croix que Jésus-Christ crucifié dispense aux siens, et qu'il appelle tour à tour « la paix » et « sa paix » (Jean.14.27) : cette société, c'est l'Église. Voulez-vous retrouver enfin Jésus-Christ quelque part dans le monde, en y trouvant des hommes qui lui servent d'organes et de représentants auprès de l'humanité, comme il en a servi lui-même au Père ? Il y a une société sur la terre, qui a communion avec Jésus-Christ, qui possède Jésus-Christ, qui réalise Jésus-Christ, qui vit de Jésus-Christ, qui demeure en Jésus-Christ et en qui Jésus-Christ demeure ; une société qui peut dire avec l'apôtre Paul : « Ce n'est plus moi qui vis, mais Christ qui vit en moi ; et ce que je vis maintenant en la chair, je le vis en la foi du Fils de Dieu, qui m'a aimé, et qui s'est donné lui-même pour moi (Gal.2.20) : » cette société, c'est l'Église. L'Église, mais quelle Église ? l'Église contemporaine ? je ne sais, mais l'Église primitive ; l'Église telle qu'elle est ? je ne sais, mais l'Église telle qu'elle doit être ; l'Église enfin qui est l'Église, et qui, si elle n'existe point parmi nous, doit être cherchée par une réforme.

« Celui qui aime Dieu, aime aussi celui qui est engendré de lui (1Jean.5.1) ; » la vie divine ne peut animer l'Église, sans y enfanter *la vie fraternelle*. L'amour fraternel, ce courant évangélique qui s'établit entre deux cœurs où Jésus-Christ habite, comme si celui qui les remplit l'un et l'autre voulait remplir encore tout l'entre-deux, qu'est-ce autre chose que l'amour chrétien porté à sa plus haute puissance ? Que si cet amour fraternel devenait le trésor commun d'une Église entière, dont il rattacherait les membres entre eux, chacun à tous et tous à chacun, par des liens aussi forts que multipliés, quelle gloire, quelle énergie d'amour déployée par cette société unique, qui serait moins une société qu'une famille de frères ! Ce ne serait pourtant rien de plus que ce que mon texte nous montre dans l'Église primitive de Jérusalem : « Tous ceux qui croyaient étaient ensemble, et ils avaient toutes choses communes ; et ils vendaient leurs possessions et leurs biens, et les distribuaient à tous, selon que chacun en avait besoin ; » et encore : « La multitude de ceux qui avaient cru n'était qu'un cœur et qu'une âme ; et pas un d'eux ne disait qu'aucune des choses qu'il possédait lui appartint en propre ; mais toutes choses étaient communes entre eux. » (Act.4.32)

Voilà, dans l'Église primitive, le trait saillant qui, plus que tout le reste, a frappé et le monde, et les apôtres, et l'historien sacré, c'est-à-dire le Saint-Esprit lui-même. L'idéal proclamé par les apôtres, l'Église le réalise ; la charité qu'ils prêchent, elle la vit. « Image empreinte de la personne » du Christ, comme il l'avait été de celle du Père, l'Église traduit l'amour de Dieu en amour fraternel, et l'amour fraternel en vie commune ; et domptant l'égoïsme jusque dans son application la plus tenace, l'amour de l'argent, elle donne à la terre un spectacle qu'avant elle aucune société n'avait offert, aucune religion conçu, aucune philosophie rêvé ; et qu'après elle aucune communauté n'a pu reproduire sans l'altérer plus ou moins. Car les imitations qui en ont été essayées dans un esprit vraiment chrétien, n'ont pu se soustraire entièrement à la tentation de gêner par des règles humaines cette liberté de l'Esprit à laquelle Jérusalem devait sa prospérité ; et quant à certaines imitations contemporaines, (si elles méritent un nom aussi sérieux), qui semblent n'invoquer les mots de l'Évangile que pour couvrir l'abandon des choses, et qui, après avoir débuté par la bonté naturelle du cœur de l'homme, finissent par la sanctification de la chair, elles ont déjà commencé de faire voir, et feraient voir encore en proportion de la liberté qui leur serait laissée de se produire, qu'entre leur fraternité prétendue et la fraternité de Jérusalem, le rapport n'est que dans les apparences extérieures, et que ce rapport même, tel quel, ne saurait subsister longtemps.

Quelques mots d'éclaircissement sont ici nécessaires. Par la vie commune qui a caractérisé l'Église de Jérusalem, j'entends la manifestation visible de l'amour caché dans les cœurs, mais cette manifestation entendue dans le sens le plus large et dégagée d'avec la spécialité des applications. Cette vie commune ne consistait pas dans une commune organisation. Si les premiers chrétiens « étaient ensemble, » ces mots, expliqués par ceux-ci : « Persévérant d'un commun accord dans le temple, et rompant le pain de maison en maison, » doivent s'entendre ou d'une réunion générale qui se formait dans le temple pour la célébration du culte public, ou de diverses réunions partielles que provoquaient dans les maisons chrétiennes, soit le besoin de s'édifier mutuellement dans le Seigneur, soit aussi les rapports de parenté ou d'amitié sanctifiés par l'Évangile ; réunions en tout cas mobiles et temporaires, qui laissaient au commerce intérieur l'entière liberté de son jeu propre, et qui n'absorbaient en aucune manière la vie privée dans la vie publique. Les premiers chrétiens saisissaient les occasions, publiques ou privées, de se rapprocher les uns des autres, parce qu'on se rapproche quand on s'aime ; mais ce rapprochement, purement spirituel, n'avait aucun caractère obligatoire, constitutif, ou, comme on dit aujourd'hui, *social*. Cette vie commune ne consistait pas non plus dans la communauté des biens, telle qu'on l'a entendu préconiser de nos jours. Malgré certaines apparences, une étude plus approfondie du texte fait voir qu'il s'agit ici[a], non d'une répartition imposée, concertée, proportionnelle, ou, pour me servir encore une fois du terme technique, sociale, mais d'une communication volontaire, dont la charité individuelle faisait tous les frais, et qui, dépouillant, sans contrainte aucune, celui qui possédait en faveur de celui qui ne possédait pas, laissait subsister sans réserve et le droit de propriété chez le donnant (Act.5.8), et le devoir de la reconnaissance chez le recevant. De ce système à l'autre, il y a toute la distance de la grâce à la règle, ou de l'Évangile à la loi : rien de plus évangélique que Jérusalem, rien de plus légal que le phalanstère. Mais enfin, cette vie commune de Jérusalem, même ainsi réduite à ses proportions véritables, veux-je qu'elle soit transportée tout d'une pièce dans l'Église contemporaine ? Non ; je n'ose affirmer ni que cela soit praticable, ni même que cela soit désirable.

---

a. Voir le Commentaire d'Olshausen.

Aussi bien, cette vie commune que l'Église primitive de Jérusalem a pratiquée ne s'est pas, que nous sachions, étendue à aucune autre Église apostolique. Serait-ce que l'expérience y aurait fait découvrir quelque côté dangereux, tel que les plus belles choses en peuvent offrir ? Cette supposition n'a rien d'invraisemblable : car on comprend à peine comment la forme que l'amour fraternel avait revêtue dans Jérusalem pouvait passer à l'état de règle ou seulement d'usage permanent, sans compromettre la discipline de l'Église par l'appât que sa charité tendait à la cupidité du pauvre.

Vous m'écoutez, la plupart de vous, mes chers frères, avec une approbation singulière. Mes explications vous rassurent peu à peu contre une vague frayeur de socialisme, que vous inspirait, je ne dirai pas mon discours, mais mon texte. Nous nous trouvons bien d'accord en cet endroit reste à savoir si nous le serons jusqu'au bout... Ah ! gardez-vous de croire que, sous prétexte d'expliquer la parole de mon Maître, j'aie entendu l'effacer ! Malheur à moi si, habile à opposer la charité évangélique aux prétentions subversives du pauvre, je n'avais pas le courage de l'opposer également à l'égoïsme honnête du riche ! Sachez-le bien : moins je suis jaloux de la lettre, plus je suis jaloux de l'esprit ; et si je me montre coulant sur la forme de l'exemple donné à l'Église par Jérusalem, c'est pour m'acquérir le droit d'être d'autant plus inflexible sur le fond. Que la vie commune, telle quelle, de Jérusalem, soit prise dans son acception la plus large et dégagée d'avec la spécialité des applications, j'y consens, encore une fois, je le demande moi-même ; mais j'entends la maintenir tout entière dans son essence, qui est la manifestation visible de l'amour fraternel caché dans les cœurs. Désirable ou non, transférable ou non, le partage de Jérusalem a passé sur la terre, comme l'éclair d'une charité céleste, qui devait enfanter dans les âges suivants de l'Église des imitations et non des copies, pour lui montrer, par un éclatant exemple, non pas comment la charité doit être exercée, mais de quoi elle est capable, quand elle prend son modèle en Jésus-Christ, et en lui crucifié.

On ne saurait se faire une plus juste idée de l'amour qui unissait entre eux les membres de l'Église primitive, qu'en les comparant, comme je le faisais tantôt, à une famille de frères. Dans une famille bien réglée et tendrement unie, les frères et les sœurs, dispersés par le cours de la vie, forment des établissements séparés et occupent des habitations distinctes : mais l'affection mutuelle qui est enracinée dans leurs cœurs les pousse à se rapprocher, à se réunir, chaque fois que l'occasion s'en présente, malgré la distance des lieux et les empêchements des affaires. En même temps, dans une telle famille, les fortunes peuvent être inégales, et chacun administre la sienne pour son propre compte mais, que l'un vienne à manquer des biens de la vie, tous les autres s'empressent de lui venir en aide, et de « suppléer à son indigence par leur abondance (2Cor.8.13-15, » (je parle de la famille telle qu'elle doit être…) Eh bien, telle m'est apparue l'Église de Jérusalem dans le tableau charmant de mon texte ; rien de plus, mais rien de moins. Telle aussi devrait être dans tous les temps l'Église de Jésus-Christ ; telle elle sera, si elle mérite le nom qu'elle porte : une famille, dont les membres, s'aimant en frères d'une affection cordiale, se cherchent les uns les autres au sein d'un monde faux et froid ; une famille, dont les membres sont toujours prêts à se faire part entre eux, selon le besoin, « de leur huile, de leur vin et de leur froment (Osée.2.7). » Où cet esprit aura pénétré, quelque nom qu'il reçoive, quelque forme qu'il emprunte, là, et là seulement, Jérusalem aura été « rétablie et remise, selon la prière du prophète, en un état renommé sur la terre (Esa.62.7). » Là, aura été réalisée, pour la consolation de l'Église et pour l'instruction du monde, une autre prière plus touchante et plus solennelle encore, celle de Jésus pour ses disciples qu'il se prépare à quitter : « Père, qu'ils soient un, comme nous sommes un ! (Jean.17.21) » Là, cette unité qui est dans les cœurs, se faisant jour dans les œuvres, n'importe par quel chemin, provoquera encore une fois ce cri de la conscience humaine : « Voyez comme ils s'aiment ! » ce cri intelligent et instinctif, qui constate dans l'amour mutuel des enfants de Dieu, l'invasion d'un ordre céleste au sein de l'humanité déchue.

Mais, si telle est la vraie Église, où est-elle, cette vraie Église ? où est-elle, cette famille de frères ? Des frères, des sœurs, des chrétiens exceptionnels, pour lesquels le sacrifice est une réalité, que dis-je ? un besoin, un attrait, il y en a toujours eu, grâces à Dieu, et, en bien cherchant, j'en trouverais aussi à notre époque. Mais une société de tels frères, mais l'Église telle que je la demande, l'avons-nous ? sommes-nous près de l'avoir ? je ne sais ; mais si nous ne l'avons pas, la vraie Église nous manque, et nous avons besoin d'une réforme !

L'amour des frères n'est pas l'indifférence pour le monde ; pour ce monde auquel nous appartenions hier, et que « Dieu a tant aimé que de donner son Fils unique afin que quiconque croit en lui ne périsse point, mais qu'il ait la vie éternelle. » L'œuvre de compassion divine que Jésus-Christ est venu faire dans le monde, est aussi celle qu'il y a donnée à faire à son Église : « Comme tu m'as envoyé dans le monde, je les ai aussi envoyés dans le monde. » Aussi la vraie Église a toujours exercé le vrai prosélytisme ; elle a senti qu'elle avait, comme son Maître, vocation de Dieu pour « chercher et sauver ce qui est perdu. » Cette vocation, écoutez comment elle est remplie par l'Église de Jérusalem, et avec quel succès : « Et chaque jour, persévérant d'un commun accord dans le temple, et rompant le pain de maison en maison, ils prenaient leur nourriture avec joie et avec simplicité de cœur, louant Dieu et trouvant grâce devant tout le peuple ; et le Seigneur ajoutait tous les jours à l'Église ceux qui se sauvaient, » ou, comme notre historien l'exprime ailleurs, « ceux qui étaient disposés pour la vie éternelle (Act.13.48). »

Le monde, tout monde qu'il est, renferme, grâces à Dieu, bien des gens qui s'appliquent à réaliser l'idéal de félicité sainte qu'ils portent au dedans d'eux, et qui, ne trouvant jamais ce qu'ils cherchent, d'autant plus mécontents de la vie qu'ils lui avaient plus demandé, tristes par instinct de bonheur, oserai-je dire sceptiques par instinct de foi, vivent l'oreille au guet, l'œil attentif, comme s'ils attendaient je ne sais quelle délivrance inattendue, à laquelle ils ne peuvent jamais ni parvenir ni renoncer. Mettez des esprits de cette trempe en présence de l'Église primitive de Jérusalem : dans cette assemblée de croyants en Jésus-Christ, ils trouvent quelque chose de ce qu'ils auraient trouvé en Jésus-Christ lui-même ; ils y trouvent, passé du rêve dans la vie et comme descendu du ciel en terre, cet idéal qui leur avait échappé partout ailleurs, mais qu'une voix intérieure leur avait promis, comme au vieux Siméon, qu'ils verraient avant de mourir. Devant ce spectacle, tour à tour pénétrés d'une crainte respectueuse (Act.2.43) et attirés par une tendre confiance, ils cèdent à une grâce secrète et irrésistible, ils entrent dans une sorte de courant spirituel où l'on ne saurait s'engager sans le suivre jusqu'au bout ; et déjà les voici qui font partie de cette Église qu'ils pensaient ne faire qu'admirer « Et le Seigneur ajoutait tous les jours à l'Église ceux qui se sauvaient. » Les nouveaux convertis se comptent par milliers dans un jour, et en quelques années leur nombre s'élève à des dizaines de milliers.

[Selon que l'on traduit Actes.4.4, par ces mots : « Le nombre des hommes *fut*, » ou par ceux-ci : « Le nombre des hommes *devint* d'environ cinq mille, » l'Église naissante a gagné dans cette circonstance 2000 ou 5000 nouveaux membres. L'une et l'autre versions peuvent se défendre ; mais la dernière me paraît devoir être préférée. Actes.21.20. « Tu vois combien il y a de dizaines de milliers qui ont cru ; » version littérale.]

Rendons-nous bien compte de la voie par laquelle s'obtiennent ces magnifiques succès, capables d'exciter la sainte jalousie de toute Église fidèle. Au reste, je leur donnerais un autre nom, si j'en savais un, celui de succès leur convenant mal par l'idée de résolution et d'effort qu'il réveille. L'Église de Jérusalem produit ces milliers de conversions, moins comme un artisan son ouvrage, que comme un arbre son fruit; moins par une action directe et calculée, que par une action indirecte et presque ignorante d'elle-même. Ce n'est pas qu'une action directe ne soit exercée; assurément, l'Évangile est proclamé dans Jérusalem, incessamment proclamé. Il l'est par les apôtres : leur voix peut bien accroître l'Église après l'avoir enfantée, et ajouter d'autres disciples à ces trois mille qu'elle a réveillés dans le seul jour de la Pentecôte. Il l'est par ces nouveaux disciples : je me les figure se répandant par la ville, racontant en tous lieux les faits de Jésus-Christ, montrant la prophétie accomplie dans sa personne, mieux encore, tournant les relations sociales et les rapports de la vie en autant de moyens d'annoncer leur Maître à ceux qui ne l'ont pas encore connu. Tout ce travail d'évangélisation entre pour sa part, pour sa large part, dans les succès missionnaires de l'Église primitive; mais là n'en est pourtant pas le vrai secret. L'action nouvelle, l'action entraînante, l'action décisive, ce n'est pas la directe, c'est l'indirecte; ce n'est pas celle de la parole, c'est celle de la vie; ce n'est pas celle des apôtres, c'est celle de l'Église. Pour sentir la vérité de cette réflexion, supposez, mon cher auditeur, que vous eussiez été admis à « contempler un des jours de ce Fils de l'homme, » dont l'Église est le corps, le représentant sur la terre. Qu'est-ce, pensez-vous, qui vous aurait le plus fortement attiré à Jésus et à sa doctrine ? Quelque puissance que vous eussiez admirée dans les prodiges semés par ses mains, quelque autorité que vous eussiez sentie dans les paroles de grâce qui tombaient de ses lèvres, je me trompe ou ce qui vous aurait à la fois le plus profondément touché et le plus irrésistiblement subjugué, ce n'est ni cette puissance ni cette autorité; c'est plutôt cette vie toute d'obéissance, de charité, de renoncement; c'est ce je ne sais quoi de saint et d'aimant qui se peint dans son regard, qui respire dans tout son être, et qui rend visible en lui le Dieu invisible. Eh bien, il y avait dans l'Église de Jérusalem quelque chose de semblable, qui lui gagnait les cœurs plus que la parole, qui les aurait « gagnés sans la parole (1Pi.3.1) » : c'était la nouveauté inouïe du spectacle moral qu'elle offrait aux yeux ; c'était cette île de sainteté, d'amour et de paix, qui venait de surgir, dans un jour de grâce, au sein de cet océan de péché, d'égoïsme et d'agitation que nous appelons le monde, apportant à la terre, comme un autre Éden, des fruits si délicieux qu'on ne les eût attendus que du ciel. Devant cette « démonstration d'esprit et de puissance (1Cor.2.4), » plus de doutes, plus d'objections possibles ; on n'en cherche plus, on n'en admet plus ; on se rend, et l'on est heureux de se rendre, à moins qu'on ne soit un Caïn « qui tue son frère parce que ses œuvres sont mauvaises et que celles de son frère sont justes... » Loin de m'étonner, après cela, que les trois mille croissent en quelques jours jusqu'à cinq mille, et ces cinq mille en quelques années jusqu'à des dizaines de milliers, je vous l'aurais prédit : avec de tels auxiliaires, la Parole est toute-puissante ; une telle Église rend à la prédication des apôtres plus encore qu'elle ne reçut d'elle [a].

Reste à savoir, mes chers frères, si cette action à la fois si énergique et si étendue, devait être le privilège exclusif de l'Église primitive, et si toute ambition d'en exercer une semblable sur la multitude qui nous entoure nous est à jamais interdite. Et pourquoi le serait-elle ? Pourquoi ces trois mille ont-ils pu réveiller l'attention des cent vingt mille habitants de Jérusalem, pour ne pas dire des deux millions qui s'y pressaient dans les fêtes solennelles, et serions-nous condamnés, nous héritiers de leur doctrine et imitateurs de leur foi, à passer inaperçus au milieu de ce peuple incrédule qui nous enveloppe et nous absorbe ? Pourquoi les chrétiens de Jérusalem et du premier siècle ont-ils recueilli des fruits si abondants de leur travail, dirai-je ? ou de leur seule présence dans Jérusalem, en attendant les fruits plus abondants qu'ils en devaient recueillir plus tard dans la Judée et dans tout le monde, et nous résignerions-nous tranquillement, nous chrétiens de Paris et du dix-neuvième siècle, au cauchemar de nos appels perdus dans le désert, de nos coups d'épée donnés dans le vide,

---

a. Actes.2.33, dans son rapport au 32 et au 34.

et de notre Évangile jeté sur la face du monde sans que personne presque daigne se baisser pour le ramasser ? Pourquoi, si ce n'est parce qu'héritiers de leur doctrine, nous ne le sommes pas de leurs œuvres ; parce que imitateurs de leur foi, nous ne le sommes pas de leur amour ; en deux mots, parce que présentant au monde la même parole, nous ne lui offrons pas le même spectacle ? Il y a des croyants parmi nous, grâces à Dieu, il y en a de sincères, d'exemplaires mais cette société des croyants, cette famille céleste, cette oasis d'amour fraternel dans le désert, qui frappe dans Jérusalem jusqu'aux regards les plus distraits, où la trouverait, au milieu de nous, l'œil même le plus attentif, le plus bienveillant ?

Frappons sur notre poitrine, mes frères, avant de frapper sur celle d'autrui. Ne calomnions pas notre génération. Toute éteinte qu'y est la croyance, toute matérielle qu'y est la vie, notre siècle n'est pas plus fermé qu'un autre aux impressions de la vérité, de la sainteté, de la charité. Que dis-je ? Ce siècle, si mystérieusement mêlé de bien et de mal, n'a-t-il pas certains côtés qui le prédisposent pour cette influence salutaire ? Dans ces rêves d'une société nouvelle qui agitent notre époque, et qui, comme cette tempête décrite dans le Psaume 107, tour à tour « l'élèvent au plus haut des cieux et la précipitent au fond des abîmes, » n'y a-t-il donc rien de généreux, rien de légitime, rien d'emprunté à l'esprit de Jésus-Christ et aux souvenirs de Jérusalem ? Jusque dans ses tentatives infructueuses, quand elles ne sont pas ridicules ou funestes, n'y a-t-il pas de quoi lui ouvrir les yeux, et lui rendre plus sensible, ne fût-ce que par le contraste, une expérience heureuse, comme l'a été celle de Jérusalem, et qui ne devrait son succès qu'à la présence de Jésus-Christ et aux principes de son Évangile ? Oui, si l'Église primitive de Jérusalem était aujourd'hui transportée dans Paris, Jérusalem et premier siècle pour l'esprit, Paris et dix-neuvième siècle pour la forme, ces trois mille de la foi et de la charité, cette Église du renoncement et de l'amour fraternel, cet Évangile pris au sérieux, ferait ce que n'ont jamais pu faire ni nos discours, ni nos associations, ni nos Églises établies, ni nos Églises indépendantes ! Nous nous plaignons que l'Église contemporaine est sans prise sur les masses, et il ne lui manque peut-être pour les remuer profondément, que de redevenir ce qu'elle fait profession d'être, l'Église chrétienne. Il vaut au moins la peine d'essayer : quand l'expérience en serait perdue pour le monde, elle ne le sera pas pour nous-mêmes ; mais elle ne sera pas perdue, même pour le monde, croyez-le bien. Ou si cet essai même vous paraît impraticable, si je ne puis vous parler des réalités de la vie chrétienne et de l'Église chrétienne sans vous paraître m'engager dans la région des chimères... tirez la conclusion vous-mêmes, et jugez si nous avons besoin d'une réforme !

Cette triple réforme, mes frères, il nous la faut ; cette Église vivant de la vie divine, de la vie fraternelle, de la vie missionnaire, elle est dans les vues de Dieu, dans les aspirations de son peuple, dans les besoins de l'époque ; et, parce qu'elle est nécessaire, elle naîtra dans le temps de Dieu, — si ce n'est pas parmi nous, ce sera ailleurs. Si, à l'exemple de ces Gergéséniens, nous obligeons Jésus-Christ à se retirer de nos quartiers, il transportera son ministère, avec ses bénédictions, sur une terre mieux préparée : nous pouvons bien repousser l'Église, nous ne pouvons pas la supprimer. Mais qui voudrait la repousser ? Qui ne l'appellerait de tous ses vœux ? Qui ne serait jaloux de lui offrir son toit pour abri et sa maison pour lieu de repos ? Que si, en parlant de la sorte, je présume trop bien de la communauté à laquelle vous vous rattachez, si l'Église réformée de France, ou, pour nous restreindre, si l'Église réformée de Paris ne peut pas, ou ne veut pas être cette Église de Jérusalem, il vous reste, en attendant et pour hâter le jour où elle connaîtra mieux « les choses qui appartiennent à sa paix, » il vous reste, à vous, d'être vous-mêmes cette Église modèle et de l'être aujourd'hui. Qui, vous ? vous, une poignée d'hommes que l'esprit de Jérusalem anime tout seuls ? vous cent, vous cinquante, vous vingt ? Oui, vous cent, vous cinquante, vous vingt, ou même, si c'est trop demander, vous dix, vous cinq, vous deux, commencez ! Commencez, non dans la puissance de votre résolution humaine, mais dans la seule force de Dieu, par sa seule grâce, et pour sa seule gloire ! Oui, mon frère, oui, ma sœur, commencez, et votre exemple faisant des imitateurs, vous vérifierez cette belle image du Psaume 72, qui est moins une image qu'une prophétie, portant sur le sujet même qui nous occupe : « Une poignée de froment étant semée dans la terre au sommet des montagnes, son fruit mènera du bruit comme les arbres du Liban ; et les hommes fleuriront dans les villes comme l'herbe de la terre (Psa.72.16). » Bien des âmes droites, mais timides, affamées et altérées de la justice, mais manquant d'énergie et d'initiative, n'attendent qu'un signal pour se lever, et pour se consacrer sans réserve à leur divin Maître. Qu'elles entendent seulement parler d'une société, si petite soit-elle, qui s'applique à faire de cette vie divine une réalité spirituelle, de cette vie fraternelle une réalité ecclésiastique, et de cette vie missionnaire une réalité sociale, et vous les verrez voler à vous, comme les parcelles de fer vers l'aimant qui les attire : les cœurs sont prêts, vous dis-je, il ne s'agit que d'une voie à ouvrir, moins encore, que d'un signal à donner… Heureux ceux qui sauront le donner ! Heureux ceux qui, devançant les temps de l'Église, feront entre eux tout ce qu'ils auraient à cœur de voir faire à l'Église ! Heureux ceux qui formeront une sainte alliance pour entrer à plein dans la vie chrétienne, et qui sauront se fier, pour le développement de leur œuvre naissante, à ce Dieu puissant qui des douze apôtres aux soixante-dix disciples, des soixante-dix aux cent vingt, des cent vingt aux trois mille, (en attendant que ce soit des cinq mille aux dizaines de mille), est arrivé à cette Église de Jérusalem que vous souhaitez de reproduire au milieu de nous ! Ne vous laissez point troubler dans ce bon dessein par la pensée que notre Église, momentanément dépouillée par le malheur des temps du bel ordre dont elle se glorifiait autrefois, est mal préparée à vous suivre dans vos pensées de régénération ecclésiastique. Prenez patience, et attendez le Seigneur. Aussi bien, cette position que Dieu et l'histoire vous ont faite est plus favorable peut-être, à tout prendre, à l'accomplissement de votre pieuse entreprise qu'aucune de celles que vous pourriez vous faire par votre propre choix, non seulement parce qu'elle vous maintient en rapport avec certaines racines cachées de réforme qui ne demandent qu'à venir au jour ; mais encore, parce qu'elle vous réduit par la nécessité des choses à l'emploi des moyens spirituels, qui sont les plus purs et les plus sûrs de tous, sans laisser votre attention se distraire de ce qui fait le fond de votre ambition chrétienne, Jésus-Christ réalisé dans la vie des siens. Quoi qu'il en soit, la main à l'œuvre, où vous êtes, comme vous êtes ! Dites-vous bien qu'une seule condition vous suffit : un cœur plein de foi et de dévouement, d'une foi sans hésitation et d'un dévouement sans réserve. Ce cœur, l'avez-vous ? toute la question est là. Si vous ne l'avez pas, vous ne valez rien pour l'œuvre d'aujourd'hui, mais vous n'auriez pas valu davantage pour celle de Jérusalem ; mais, si vous l'avez, il se fera à lui-même un chemin nouveau, à défaut de routes frayées, et « rien ne vous sera impossible. » Wesley ne demandait que *dix vrais méthodistes* pour renouveler la face de l'Angleterre je le crois bien, ces dix vrais méthodistes, ce seraient dix apôtres ! Avec *dix vrais protestants*, je ne désespérerais de rien non plus pour l'Église réformée de France !

Pour l'Église réformée de France, ai-je dit ? Mais ce n'est pas à elle seule que je pense pour cette glorieuse entreprise : mon ambition va plus loin. La réforme que je veux pour notre Église, je la veux pour l'Église luthérienne, pour l'Église anglicane, pour les Églises indépendantes, et elles aussi la veulent pour elles-mêmes. Le travail qui s'opère parmi nous dans les 'esprits s'opère également ailleurs. L'Église, une Église nouvelle, est partout attendue, partout appelée, j'allais dire au nom de la religion, mais je pourrais ajouter au nom de la politique, dont elle peut seule apaiser les différends ; au nom de la société, dont elle peut seule résoudre le problème ; au nom de l'humanité, dont elle peut seule guérir les plaies ! On le sent confusément : c'est par l'Église que le monde agité et bouleversé doit arriver à Jésus-Christ, et c'est par Jésus-Christ qu'il doit arriver à l'ordre, à la paix, à la prospérité, après lesquels soupire toute la race humaine. C'est le vœu, c'est le rêve, c'est le gémissement de toutes les communions chrétiennes, mais un vœu autour duquel se divisent les esprits, de cette division qui entre dans les vues de Dieu, « pour que ceux qui sont dignes d'approbation soient manifestés, » je veux dire pour que les vrais chrétiens, révélés les uns aux autres, se donnent la main d'association dans l'œuvre commune. Dans l'Église luthérienne, à la poursuite de l'ordre nouveau, si les uns réveillent un Luther plus luthérien que celui du seizième siècle, et veulent à jamais fixer l'Église dans les pensées et les institutions d'un homme faillible, qui a saintement protesté d'avance contre un si aveugle hommage, les autres s'appliquent à mettre en saillie ce fond de la grâce évangélique, que Luther a si merveilleusement relevé, qui a fait la réformation dans son cœur avant de la faire par lui dans le monde, et qui confond le vrai luthérien avec le vrai réformé, et avec tous les vrais disciples de Jésus-Christ. Dans l'Église d'Angleterre, à la poursuite de l'ordre nouveau, si les uns s'évertuent à reconstruire l'Église cléricale et despotique dont leurs frères ont secoué le joug, comme s'ils étaient jaloux d'étouffer le fond sous les formes et d'absorber l'esprit dans l'ordonnance, les autres aspirent au contraire à dégager si bien le pur Évangile et l'Église spirituelle, qu'ils soient en harmonie avec tous ceux qui servent le Dieu vivant en esprit et en vérité, et nous tendent une main fraternelle que nous serrons avec amour. Dans les Églises indépendantes, à la poursuite de l'ordre nouveau, si les uns s'efforcent de faire prédominer un esprit étroit et sectaire, qui restreint la bénédiction divine à leurs seules affirmations, quand ce n'est pas à leurs négations, les autres, touchés de ce qui leur manque à eux-mêmes, s'ouvrent à des pensées plus étendues et à des sentiments plus élevés, qui tendent à unir les frères, non à les diviser, et qui préparent pour l'avenir l'Église commune des enfants de Dieu disséminés dans toutes les communions. Que dis-je ? Dans l'Église catholique-romaine à l'Occident, comme dans l'Église catholique-grecque à l'Orient, à la poursuite de l'ordre nouveau, si le grand nombre prétendent ressusciter les maximes exclusivement romaines et grecques qui ont perdu le moyen âge et appelé une réformation, n'y en a-t-il pas d'autres qui sentent le besoin de pénétrer jusqu'à cette substance vivante de l'Évangile, jusqu'à ce trésor de rédemption et de régénération, jusqu'à ce cœur de Jésus-Christ et de Jésus-Christ crucifié, qu'ils retiennent en commun avec les croyants de l'Église protestante ? Partout je vois poindre sur l'horizon un peuple de Dieu, petit par le nombre, mais grand par la foi et par l'amour, qui se détache des positions anciennes, et qui se tient prêt pour l'Église spirituelle, fraternelle, missionnaire, des temps à venir. Oh ! puisse l'Esprit divin rapprocher ces âmes droites et fidèles, qui s'ébranlent de toutes parts, qui se cherchent comme en tâtonnant dans les ténèbres, qui se combattent peut-être, faute de se connaître ! Puisse se resserrer la sainte milice des enfants de Dieu, rassemblés non pas au nom de l'indifférentisme qui efface les doctrines essentielles de l'Évangile, mais au nom de la foi commune qui les fait prédominer sur tout ce qui est secondaire, humain ou local ! Puisse venir cet ordre nouveau, après lequel la chrétienté tout entière soupire, pour accomplir la prophétie, pour réaliser l'Évangile, pour rappeler, pour effacer les jours de Jérusalem, et pour fonder enfin sur la terre le royaume des cieux ! Amen [a].

---

[a]. Prêché à Paris, le 5 août 1849 pour son installation comme pasteur de l'Église réformée de Paris.

Table des matières

Avant-propos	1
Préface	7
I. Tout dans l'Écriture est idéal	16
II. Heureux dans la vie et dans la mort	21
III. La communion fréquente	24
IV. Le pasteur souffrant pour le bien de l'Église	28
V. Quelques mots sur la lecture de la Bible	32
VI. Dieu glorifié dans la souffrance	35
VII. L'amour de Dieu manifesté dans les siens	39
VIII. La foi	43
IX. Jésus-Christ notre exemple dans la souffrance	48
X. Le péché	53
XI. La croix nous révélant l'amour de Dieu	58
XII. Les choses invisibles	64

XIII. L'homme de douleurs et les hommes de douleurs   70

XIV 1. — Les regrets d'un mourant : Le secret d'une vie sainte, active et paisible   77

XV 2. — L'étude de la parole de Dieu   85

XVI 3. — L'emploi du temps   89

XVII 4. — La prière   95

XVIII 5. — La préoccupation des petits intérêts   102

XIX. Jésus-Christ   107

XX. L'Écriture   113

XXI. Le Saint-Esprit   121

XXII. Tout en Jésus-Christ   126

XXIII. La Trinité   132

XXIV. La résurrection   138

XXV. Dieu est amour   142

La Parole Vivante   146

La Vocation de l'Église   181